OÁSIS NO DESERTO DA *Vida*

HISTÓRIAS QUE ELEVAM A ALMA

Pe. Agnaldo José

Oásis no deserto da
Vida

HISTÓRIAS QUE ELEVAM A ALMA

EDITORA
AVE-MARIA

© 2015 by Editora Ave-Maria. All rights reserved.
Rua Martim Francisco, 636 – 01226-000 – São Paulo, SP – Brasil
Tel.: (11) 3823-1060 • Fax: (11) 3660-7959
Televendas: 0800 7730 456
editorial@avemaria.com.br • comercial@avemaria.com.br
www.avemaria.com.br

ISBN: 978-85-276-1577-8
Capa: Rui Joazeiro
1. ed. – 2015

Dados Internacionais de Catalogação na Publicação (CIP)
Angélica Ilacqua CRB-8/7057

Santos, Agnaldo José dos, 1967-
   Oásis no deserto da vida : histórias que elevam a alma / Pe. Agnaldo José. – – São Paulo : Ave-Maria, 2015.
   176 p.

ISBN: 978-85-276-1577-8

1. Vida cristã 2. Fé 3. Narrativas pessoais 4. Jesus Cristo – ensinamentos I. Título

15-0869   CDD 248.4

Índices para catálogo sistemático:
1. Vida cristã

Diretor Geral: Marcos Antônio Mendes, CMF
Diretor Editorial: Luís Erlin Gomes Gordo, CMF
Gerente Editorial: Valdeci Toledo
Editora Assistente: Carol Rodrigues
Preparação e Revisão: Isabel Ferrazoli e Ligia Terezinha Pezzuto
Diagramação: Ponto Inicial Design Gráfico e Editorial

A Editora Ave-Maria faz parte do Grupo de Editores Claretianos (Claret Publishing Group).
Bangalore • Barcelona • Buenos Aires • Chennai • Colombo • Dar es Salaam • Lagos • Macau • Madri • Manila • Owerri • São Paulo • Varsóvia • Yaoundé.

Sumário

Prefácio 9
Introdução 11
A barata no galinheiro 13
A caixa de chocolates 15
A Eucaristia é o meu santo remédio 17
A fábrica de imagens 19
A fila do Padre Bonifácio 22
A lâmpada explodiu 24
A sacola de pano 27
A unha prensada 30
A velhinha e o *pit bull*: uma crônica sobre capacidade, aptidão e superação 33
Acabou a gasolina 36
Amigos invisíveis 39
Bolinhos de chuva 42
Canetas sem tinta 45
Casas construídas sobre o açacu 48
Cheque em branco 50
Deus criou o Sol e o mar 53
Diamante lapidado pelo amor 55
Esperança e vida pela via do amor 57
Estojo de maquiagem 59
Fogão a lenha 62
Frente a frente com Pelé 65

Histórias ao redor do fogão a lenha ...68
Idosa, eu? ...70
Jesus e o engraxate ...72
Maçã envernizada ...74
Mãe de leite ...76
Minha filha me levou a Jesus ...78
Nas águas dos rios da vida ...80
Natal sem Alice ...82
No campo das estrelas ...84
No coração da Amazônia ...86
O abraço de Deus ...90
O beijo de Jesus ...92
O bilhete do metrô ...95
O burrinho e os balaios ...97
O cachorro ciumento ...100
O cachorro e as pulgas ...102
O carona e a semente do perdão ...104
O cochilo do padre ...107
O construtor de pontes ...109
O jovem do brechó ...112
O marechal da música sertaneja ...114
O meio do mundo ...116
O menino e a televisão ...119
O milagre da chuva ...122
O milagre do Livramento ...124
O Monte Tabor na Serra da Mantiqueira ...126
O *pizzaiolo* Jesus ...128
O sabiá e o joão-de-barro ...130
O valor de um cafuné ...132
Obrigado, Senhor ...134
Pagamento das leitoas ...136
Pedaços de carvão ...139
Pingos d'água ...141

Professor motoqueiro 144
Quem está na casa da Mãe nunca está perdido 146
Rede *wi-fi* 148
Remédio de Deus 150
Santa Maria do Presépio 152
Seja feita a vossa vontade 154
Sinais da presença de Deus 156
Tatu com farinha de mandioca 158
Um presente especial 161
Uma frase na porteira 163
Uma geladeira diferente 166
Ursinha de pelúcia 168
Voando nas asas de Deus 171
Você não é uma ilha 174

Prefácio

O grande desafio não é falar, mas ser compreendido.

Jesus quando conversava com seus discípulos, sobretudo com as multidões, usava de linguagem simples, para que sua mensagem fosse assimilada. Assim, as parábolas de Jesus nos surpreendem pela sensibilidade com que o Filho de Deus se comunicava com seus seguidores.

Em nosso tempo recebemos uma avalanche de informações, numa "obesidade informativa", mas poucas comunicam de fato, edificam, transformam-se em conhecimento.

Não basta contar uma boa história, é preciso que o que foi contado enriqueça quem ouviu. Eis o desafio da comunicação!

O livro que você tem em mãos nasceu dos olhos atentos do Padre Agnaldo José, que consegue ver a realidade com o coração. Com sensibilidade, ele transcreve situações vistas e vividas, transformando-as em parábolas, ricas em significado.

Nas entrelinhas de cada história estão os elementos fundamentais do Evangelho, regido em tudo pelo amor. Em cada parábola, uma lição de vida e um desejo latente de sermos melhores.

O livro *Oásis no deserto da vida: histórias que elevam a alma* é uma compilação dos muitos artigos que o Pe. Agnaldo escreve para a *Revista Ave Maria* desde o ano de 2009, na seção

"Evangelizar". São textos muito apreciados pelos assinantes e que agora perenizamos nessa publicação.

Desejamos que cada parábola seja uma gota de vida para enfrentarmos as dificuldades do dia a dia.

Boa leitura!

Pe. Luís Erlin
Diretor Editorial

Introdução

A sociedade do novo milênio está passando por muitas mudanças. Diferentemente de outras épocas, elas afetam o mundo inteiro. Fatores determinantes dessas transformações são a ciência e a tecnologia, com sua capacidade de manipular a própria vida dos seres vivos e, também, de criar redes de comunicações de alcance global, de interação em tempo real, apesar das distâncias geográficas.

Nesse novo contexto social, a vida do ser humano se tornou, ainda mais, complexa e fragmentada. A falta de informação só se resolve com mais informação, gerando a incomunicação e a incompreensão. Vivemos numa corda bamba, numa areia movediça. Enfrentamos o alto-mar com uma jangada, sem nada próximo de nós que nos dê apoio, segurança e solidez, a não ser a nossa fé.

Os alicerces, abalados pela liquidez da modernidade, evocam uma mudança de paradigma. Se, nos séculos XIX e XX, o mundo foi dominado pelo racionalismo, parece que a nova onda aponta para a fragilidade, a velocidade, a superficialidade, o esvaziamento de sentido. Nesta sociedade, os sólidos se tornam líquidos, as certezas deságuam na incerteza, na insegurança e na fragilidade, as pequenas histórias que acontecem conosco e as que ouvimos têm um papel imprescindível. Narrar histórias é pausar a fluidez.

O mundo corre em alta velocidade e isso não nos permite ver a vida como ela é. Quando paramos por um momento, respiramos, refletimos o que está acontecendo à nossa volta, encontramos equilíbrio e discernimento para dar os próximos passos. Assim, pequenas narrativas tornam-se portos, onde ancoramos o barco de nossa vida, mesmo que seja por alguns minutos. Estes portos são suficientes para nos ajudar no mergulho para dentro de nós mesmos e para avançarmos para águas mais profundas.

Neste livro, partilho com você alguns momentos que vivi em minha comunidade e em missões que realizei pelo Brasil. Histórias que meus olhos contemplaram e meu coração sentiu-se tocado por elas. Ouvi narrativas de pessoas simples, abertas aos encantos da vida. Muitas delas conseguem perceber a beleza das pequeninas flores, escondidas entre as hortênsias, desfrutando, também, dos raios do sol.

Aprendi, especialmente na convivência com pessoas humildes, que o ordinário da vida é extraordinário. O poder, a ganância, o apego ao dinheiro, a "vaidade das vaidades" cegam nosso olhar para os pequenos milagres do cotidiano. Precisamos compreender e viver a vida com mais generosidade, percebendo, nos pequenos detalhes, a mão de Deus nos conduzindo para além do horizonte, onde está a plenitude de seu Amor.

Pe. Agnaldo José

A barata no galinheiro

A Igreja nos ensina que existem sete virtudes necessárias à nossa salvação: três teologais (fé, esperança e caridade) e quatro cardeais (justiça, temperança, fortaleza e prudência). "A prudência dispõe a razão prática a discernir, em qualquer circunstância, nosso verdadeiro bem e a escolher os meios adequados a realizá-lo. 'A prudência é a regra certa da ação', escreve Santo Tomás. Ela dirige todas as outras, porque, através dela, conhecemos o que está correto. Graças a ela, aplicamos, sem erro, os princípios morais aos casos particulares e superamos as dúvidas sobre o bem a praticar e o mal a evitar" (cf. *Catecismo da Igreja Católica*, n. 1806).

Para Santo Inácio de Loyola, "a prudência tem dois olhos: um que prevê o que tem de ser feito, o outro que examina depois o que se fez". São Paulo, escrevendo aos Coríntios sobre a impureza, assim diz: "Tudo me é permitido, mas nem tudo convém. Tudo me é permitido, mas eu não me deixarei dominar por coisa alguma" (1Cor 6,12).

Deus envia sobre nós os seus dons e ilumina nosso coração para a vivência da sua Palavra. Estamos num mundo egoísta, violento, descartável, frágil, barulhento, injusto, indiferente àquilo que vem do Alto. Por isso, as virtudes teologais e cardeais nos apontam o caminho que devemos seguir. Dias atrás, visitava as famílias de uma comunidade rural da paróquia. Esses momentos são como um retiro espiritual. Pessoas simples, de coração aberto, a nos oferecer bolinhos de chuva, café fresquinho, silêncio e contato com a natureza. Tudo isso refaz nossas forças.

Depois de passar por várias casas, cheguei à de dona Antônia, uma das moradoras mais antigas da vila. Ela, sorrindo, convidou-me para entrar. Conversamos bastante. Abençoei a casa. Ela, então, chamou para ver a horta e colher algumas verduras para eu levar para casa. Arranquei três pés de alface e muitas folhas de rúcula e almeirão. Não me esqueci, é claro, do cheiro-verde e de algumas pimentas-malagueta, bem fresquinhas. Passando perto do galinheiro, uma cena me chamou a atenção: uma barata entrou no galinheiro e quis atravessar de um lado para o outro. Não deu outra! Foi atacada pelas galinhas, que, sem dó, bicaram o inseto até a morte.

"A senhora viu o que aconteceu, dona Antônia?" Ela riu e me deu um grande ensinamento: "Sim, padre. Essa barata morreu porque não tinha noção do perigo. Minha mãe, quando queria me ensinar a prudência, o discernimento, dizia para eu ficar esperta, de olhos abertos, evitando tudo o que é mal, especialmente as más companhias. Ela sempre repetia um ditado dos antigos: 'Barata viva não atravessa galinheiro'". Pensando bem, concordei com dona Antônia. Se a barata tivesse sido prudente, teria ficado bem longe do galinheiro.

Nós somos conduzidos pela fé, esperança e caridade? Nós nos deixamos orientar pela prudência, fortaleza, justiça e temperança? As virtudes são nossa bússola nesse mar da vida? Tomemos cuidado com a distração, a imprudência, a teimosia. Não façamos como a barata do sítio de dona Antônia!

A caixa de chocolates

Paraisópolis é uma das mais belas cidades de Minas Gerais. Estive nesse recanto divino, participando das festividades de Nossa Senhora, Mãe da Obediência. A missa foi ao ar livre, e a ventania quase me fez sair voando.

Depois da homilia conduzi um momento de oração. Pedi às pessoas que impusessem as mãos umas nas outras e intercedessem por elas. No meio da multidão, estavam mãe e filha: Bernadete e Maria Rita. A menina, de 7 anos, nascera com intolerância à lactose. Provara um pedacinho de queijo apenas uma vez na vida, aos 4 anos, o que a levou ao hospital, deixando-a entre a vida e a morte. Nunca mais Bernadete permitiu que a filha colocasse algo que contivesse leite em sua boca. Maria Rita sofria ao ver seus irmãos tomando leite, iogurte e comendo chocolate. Aquele dia seria especial na sua vida.

Maria Rita colocou suas mãozinhas nos ombros de Bernadete, pedindo saúde. Depois foi a vez de Bernadete rezar pela filha. Naquele momento, a menina começou a sentir o seu corpo queimar. Bernadete tocou no rostinho dela. Estava quente e avermelhado.

Na manhã seguinte, ao acordar, Bernadete foi ao quarto da filha. Maria Rita estava sentada na cama, em oração. Ao vê-la, a menina sorriu e falou: "Ontem Jesus me curou, mãe. Quando senti aquele 'fogo' me queimando por dentro, era Jesus quem tocava em mim. Estou com vontade de comer chocolate".

Bernadete silenciou. O que fazer numa situação dessas? A menina quase morrera no passado por ter experimentado um pedaço de queijo. Foi salva por um milagre. O que aconteceria se comesse chocolate?

Maria Rita voltou a falar: "A senhora acredita em Jesus, mãe? Tenho certeza de que Ele me curou da alergia. Eu não tenho mais nada. Quero comer chocolate hoje. Mãe, por favor, compra para mim?".

Bernadete pegou a bolsa, passou pelo portão e foi ao supermercado. Estava insegura, mas as palavras de Maria Rita foram tão fortes que a convenceram a comprar a caixa de chocolates.

De volta a casa, foi ao quarto. "Aqui está o que me pediu. Pode comer! Eu creio que nada de mau vai acontecer com você", disse Bernadete. Maria Rita abriu a caixa, pegou um bombom, desembrulhou-o depressa e colocou um pedaço na boca. Bernadete estava agitada. Os minutos foram passando e... Maria Rita nada sentiu.

Se você estivesse no lugar de Bernadete, teria tido coragem de comprar a caixa de chocolates para Maria Rita?

A Eucaristia
é o meu santo remédio

"Na Eucaristia, nós partimos o único pão que é remédio de imortalidade, antídoto para não morrer, mas para viver em Jesus Cristo para sempre." (Santo Inácio de Antioquia)

Dezenas de carros passavam pela estrada estreita que dá acesso ao sítio de vô Ivo, em Franca, interior de São Paulo. Pela vigésima vez, aconteceria o Encontro com Jesus, evento que reúne católicos da região para um dia de repouso da alma, diante do Santíssimo Sacramento, e também do corpo, em meio ao aconchego da natureza. Foi ali que conheci Eliana Reis. Durante uma conversa, ela me contou parte de sua incrível história.

Em 2005 começou seu sofrimento. Foi internada numa Unidade de Terapia Intensiva (UTI) por causa de uma doença chamada angioedema hereditário, que é o desenvolvimento de grandes vergões na superfície da pele, especialmente ao redor dos olhos e dos lábios. Na ocasião, em uma transfusão de sangue, foi infectada pelo vírus HIV. "Fiquei em estado de choque quando os médicos disseram que eu tinha sido contaminada. Parecia que tudo havia acabado para mim, porque já sofria com a angiodema. Agora estava também com Aids", disse Eliana.

Casada, mãe de um jovem de 17 anos, Eliana viu sua saúde piorar a cada dia, pois não podia tomar o coquetel antiaids por causa das alergias aos componentes das medicações. Não demorou a ser desenganada pelos médicos. Eles já não viam mais solução.

Sua mãe, no entanto, acreditava que era possível acontecer um milagre. "Ela me colocava diante da televisão, na hora das missas, dos terços, durante os momentos de oração. Eu ficava ali, ouvindo, e sentia Jesus tocar em mim."

Deus, porém, tinha um plano maior. Eliana já não se alimentava mais, estava apenas à espera da morte. Foi então que, numa noite, sua mãe a levou à missa na comunidade. Ao término da missa, o padre aproximou-se de Eliana, olhou-a nos olhos e disse: "Tenha fé! Jesus vai curar você através da Eucaristia. Receba o Corpo do Senhor todos os dias. Como você não pode tomar remédios feitos pelo homem, a Eucaristia vai ser seu remédio".

Eliana ouviu as palavras do sacerdote e as deixou penetrar, profundamente, no seu coração. A partir daquele dia não deixou mais de comungar.

O tempo foi passando, e Eliana foi melhorando. Ganhou peso. Levantou-se da cama. Hoje, viaja pelo Brasil, testemunhando a ação da Eucaristia na sua vida.

Enxugando as lágrimas, ela agradece a Jesus: "Só estou viva graças à Eucaristia. Jesus é meu único remédio".

A fábrica de imagens

Meses atrás, visitei a cidade paranaense de Califórnia, que tem pouco mais de oito mil habitantes. Celebrei a missa na matriz São Francisco de Assis, que possui grandes torres, dentre as maiores do estado, apontando que a salvação começa na terra, mas será plena no céu.

Quando amanheceu, os paroquianos levaram-me para conhecer alguns pontos turísticos e também uma fábrica de imagens de santos e objetos de devoção. Passei pela sala de espera e entrei onde estavam os funcionários trabalhando na confecção de terços, pulseiras e colares. Alguns separavam e embrulhavam encomendas. Outros atendiam ao telefone e anotavam novos pedidos.

O proprietário pediu para eu dar uma bênção. As pessoas se aproximaram; foi feito um círculo. Agradeci a Deus pela vida de cada um e pelo local de trabalho. O Pai-Nosso e a Ave-Maria foram rezados por todos. Fiz aspersão com a água-benta.

Depois da oração, pediram para eu ir a outro departamento, onde trabalhava uma senhora na montagem dos crucifixos. Caminhei entre as prateleiras e me aproximei da mesa onde ela trabalhava. Ela estava sentada, colocando as imagens de Jesus nas cruzes espalhadas pela mesa, cuidadosamente. Cumprimentei-a, rezei por ela e então perguntei sobre seu trabalho naquela fábrica. Ela respondeu que gostava de estar ali, mas sentia seu coração doer quando colocava os pregos nas mãos e nos pés de Jesus na cruz. "Eu imagino a dor que Ele sentiu naquele dia. Ao mesmo tempo que tenho vontade de chorar, agradeço o que Ele fez por mim. Peço perdão pelos meus pecados".

O parágrafo 598 do *Catecismo da Igreja Católica* traz o seguinte: "No magistério da sua fé e no testemunho dos seus santos, a Igreja nunca esqueceu que foram os pecadores como tais os autores e como que os instrumentos de todos os sofrimentos por que passou o Divino Redentor. Levando em conta que os nossos pecados atingem o próprio Cristo, a Igreja não hesita em imputar aos cristãos a responsabilidade mais grave na morte de Jesus, responsabilidade que com excessiva frequência estes debitaram quase exclusivamente aos judeus. Devemos considerar como culpados desta falta horrível os que continuam a reincidir em pecados. Já que são os nossos crimes que arrastaram Nosso Senhor Jesus Cristo ao suplício da cruz, com certeza os que mergulham nas desordens e no mal de sua parte crucificam de novo o Filho de Deus e o expõem às injúrias (Hb 6,6)".

A dor que a senhora que trabalhava na fábrica de imagens sentia ao colocar os pregos nas chagas de Jesus, todos deveriam sentir quando se afastam dele e praticam o mal. Caso se arrependam dos erros, são lançados novamente em seus braços de misericórdia. São Pedro afirma: "fomos resgatados da vida fútil que herdamos dos nossos pais pelo sangue precioso de Cristo, como de um cordeiro sem defeitos e sem mácula, conhecido antes da fundação do mundo, mas manifestado, no fim dos tempos, por causa de nós" (1Pd 1,18-20).

Aproximem-se, portanto, do Calvário, pois, como ensina Santa Rosa de Lima: "fora da cruz, não existe outra escada por onde subir ao céu".

A fila do Padre Bonifácio

"O Senhor Jesus Cristo, médico de nossas almas e de nossos corpos, Ele que remiu os pecados do paralítico e restituiu-lhe a saúde do corpo, quis que sua Igreja continuasse, na força do Espírito Santo, sua obra de cura e de salvação, também junto de seus próprios membros. É esta a finalidade dos dois sacramentos de cura: o sacramento da Penitência e o sacramento da Unção dos Enfermos." (Catecismo da Igreja Católica 1421)

Em muitas dioceses do Brasil, no tempo da Quaresma, acontecem as confissões comunitárias. Os padres se reúnem nas paróquias, fazem uma celebração penitencial e o atendimento individual aos fiéis. Na Diocese de São João da Boa Vista (São Paulo), onde exerço meu ministério presbiteral, são realizados esses momentos fortes de encontro com Cristo Misericordioso. Os presbíteros se encontram. O povo volta à comunhão com o Senhor, e a esperança é renovada.

Lembro-me do primeiro ano em que participei. Não me esqueci do padre Bonifácio, monge cisterciense que deixou a Itália para dedicar sua vida na Abadia Nossa Senhora de São Bernardo, em São José do Rio Pardo (São Paulo).

Depois do rito penitencial, os sacerdotes foram apresentados. Em seguida, espalharam-se pela Igreja. As pessoas dirigiram-se aos confessionários e dividiram-se em filas. Foram três horas de atendimento, até eu receber o último penitente. Observei, do lado direito, uma fila grande. As pessoas queriam contar seus pecados ao padre Bonifácio. Ofereci-me para atendê-las, mas elas insistiam que queriam falar com ele. Fiquei preocupado, afinal o monge já era idoso.

Antes de voltar à sacristia, fiquei conversando com um jovem que acabara de se confessar com Padre Bonifácio. Perguntei por que a fila do missionário estava tão grande. O jovem respondeu: "Ele é muito amoroso. É um pai pra gente". Depois, brincou: "Além disso, por estar velhinho, não escuta direito. Podemos falar todos os nossos pecados sem medo".

Voltando para casa, pensei nas palavras daquele jovem. Pedi a Jesus que me desse um coração amoroso e paciente como o de Padre Bonifácio. Refleti, ainda, sobre o medo das pessoas de se aproximarem dos sacerdotes para receberem a absolvição dos pecados. Muitos, infelizmente, têm esse sentimento de insegurança.

A Igreja oferece, no tempo da Quaresma, muitas oportunidades para você experimentar a graça de Deus: missas, novenas, via-sacra, oração, jejum, esmola, Campanha da Fraternidade, confissão etc. Não tenha medo. O sacramento, também chamado de penitência, vai curar as feridas que o pecado provocou no seu interior, além de mergulhá-lo no mar da misericórdia divina.

A lâmpada explodiu

A noite estava chegando. O calor era intenso. Saí da igreja matriz e voltei para casa. Lavei algumas laranjas e preparei um suco. Nem dez minutos haviam se passado e o telefone tocou. Atendi. Era uma mulher chorando: "Padre, me ajude. Meu marido veio agora do serviço. Está muito nervoso. Brigou comigo e maltratou as crianças. Vem aqui em casa, por favor".

Atravessei a cidade, cruzei uma ponte de madeira rústica e me deparei com a casa de cor azul. As crianças apareceram na porta da sala, ressabiadas. Logo a mulher e o marido vieram também, ele, aparentemente, mais calmo. Cumprimentaram-me e me convidaram para entrar. Sentei num sofá amarelo, na sala. Um cachorro pequeno, com as orelhas caídas, me deu boas-vindas, cheirando meus sapatos. "Ele é mansinho, padre", disse a mulher.

A TV estava ligada. Parecia que o "sangue" do noticiário espirrava na gente: pessoas assassinadas; prisão de um traficante de drogas; helicóptero sobrevoando a cidade de São Paulo à caça de notícias fresquinhas. O ambiente estava pesado.

Logo teve início uma discussão entre os familiares. O menino mais novo chorava sem parar. Diante da situação, decidi intervir, dizendo: "Gente, se vocês ficarem brigando desse jeito, não vamos chegar a lugar nenhum. Vim ajudar vocês, rezar com vocês e benzer a casa". Perguntei se podiam desligar a televisão. Desligaram. Chamei as crianças para perto de mim. Falei da importância da união na família, do perdão, da paz. Perguntei se as crianças frequentavam a catequese. Responderam: "Não". "Vão à missa?", insisti. A resposta também foi negativa.

Depois de duas horas conversando, orientando e evangelizando, iniciei a oração e a bênção da casa. Fizemos um círculo na sala. Demos as mãos uns aos outros. Li alguns versículos do salmo 26: "O Senhor é minha luz e salvação. De quem eu terei medo? O Senhor é a proteção da minha vida. Perante quem eu tremerei?".

Convidei-os a rezar o Pai-Nosso e a Salve-Rainha. Fiz o sinal da cruz em cada um e iniciei a aspersão com a água-benta. Quando levantei o braço esquerdo e joguei as primeiras gotas da água, levamos um susto: a lâmpada da sala explodiu, espalhando cacos para todo lado. A mulher arregalou os olhos: "Ai, minha Nossa Senhora. Que é isso, padre?". As crianças correram para o quintal em segundos. "Fiquem tranquilos. Deus está aqui. A partir de agora, quero ver vocês unidos a Ele, caminhando com Ele. Jesus quer ser o rei desta casa e do coração de cada um de vocês. Vamos ficar firmes na fé, gente. A vida não é uma brincadeira", disse.

O tempo passou. As crianças já fizeram a primeira comunhão. O marido e a mulher estão se respeitando mais. A família não falta à missa dominical. Fico feliz, vendo que a paz construiu um ninho naquela casa simples.

No Natal de Jesus Cristo, acolhamos a paz e a luz que Ele vai nos trazer. Na casa da família que visitei, a lâmpada explodiu, espalhando cacos pela sala. Ao cantarmos "noite feliz", que os nossos corações possam "explodir" de alegria, espalhando o amor de Deus pelo mundo!

A sacola de pano

A cidade de Casa Branca, onde exerço meu ministério sacerdotal, é conhecida como Terra da Jabuticaba por ser a maior produtora dessa fruta no estado de São Paulo. Anualmente, são colhidas cerca de duas mil toneladas em todo o município. Nativa da Mata Atlântica, a jabuticaba pode ser encontrada nos estados de Minas Gerais, Rio de Janeiro, Paraná, São Paulo, Espírito Santo, Goiás, entre outros. Também em certas regiões da Argentina, Paraguai e Uruguai.

Quando viajo, e é tempo da colheita, costumo levar uma ou mais caixinhas de jabuticaba de presente para meus amigos. Eles ficam encantados com seu tamanho, sabor e beleza. Em visita a uma religiosa, em São Paulo, levei para a comunidade duas caixas bem cheias, dentro de uma sacola de pano, ecológica. Irmã Maura ficou surpresa com o presente: "Que maravilha. Obrigada, padre. Adoro jabuticaba", falou eufórica. Convivi o dia todo com as irmãs. Conversamos bastante. No final da tarde, celebrei a santa missa em uma linda capela, projetada pelo famoso artista plástico brasileiro Cláudio Pastro.

Escurecia. Chegara a hora de voltar para casa. Abracei as irmãs e fui me despedir de Irmã Maura. Pedi-lhe a sacola de pano, onde trouxera as jabuticabas. "É um presente que ganhei numa viagem que fiz para Maceió, Alagoas", falei. Ela sorriu. Mandou que eu esperasse um pouquinho. Logo voltou com a sacola nas mãos, como se segurasse um grande peso, fazendo uma força danada. "Que é isso, irmã?", perguntei, surpreso. "Sua sacola de pano com os meus presentes. Você nos trouxe as caixinhas de jabuticaba. Agora vai levar para casa uma agenda bíblica e dois vidros de doce que nós fazemos com frutas do nosso quintal: um de figo e outro de casca de laranja." Balancei a cabeça: "Não precisa se preocupar, irmã. Trouxe o presente porque tenho carinho por vocês!". Ela se aproximou. Colocou a sacola em minhas mãos. "Aceite, padre", disse-me. "Eu aprendi com meus pais, lá no interior do Rio Grande do Sul, que a gente nunca deve entregar a sacola vazia quando alguém nos traz um presente. É um gesto de gratidão e de partilha." Abracei-a. Havia aprendido algo novo: retribuir com amor o amor que se recebe!

O dom da partilha estava muito vivo nas primeiras comunidades cristãs, como ensina o livro Atos dos Apóstolos: "Todos os fiéis viviam unidos e tinham tudo em comum. Vendiam as suas propriedades e os seus bens, e dividiam-nos por todos, segundo a necessidade de cada um. Unidos de coração, frequentavam todos os dias o templo. Partiam o pão nas casas e tomavam a comida com alegria e singeleza de coração, louvando a Deus e cativando a simpatia de todo o povo. E o Senhor cada dia lhes ajuntava outros que estavam a caminho da salvação" (At 2,44-47).

Talvez você não tenha jabuticabas, agendas bíblicas ou doces para colocar na sua sacola de pano para levar às pessoas que ama ou aos pobres. Mas, com certeza, você tem muitos dons que Deus semeou em seu coração: a alegria, o abraço de paz, o sorriso, a hospitalidade, a misericórdia, a mansidão, a paciência, o olhar compreensivo. O que importa é manter a sacola de pano sempre cheia, para encher de luz este mundo tão vazio de esperança.

A unha prensada

A comunidade Nossa Senhora do Perpétuo Socorro, em Sumaré (SP), na região de Campinas, convidou-me para celebrar a Eucaristia. Deixei a paróquia onde trabalho e, duas horas depois, estacionei o carro bem perto da igreja.

Os coordenadores estavam me esperando com um sorriso amigo. Abraçaram-me e manifestaram a alegria por eu estar com eles naquela noite. Abri, então, a porta traseira para pegar meus paramentos. De repente, sem que eu notasse, a porta fechou sozinha e prensou meu dedo polegar esquerdo. Mordi os lábios com força. Fechei os olhos. Só não dei um grito porque fiquei com vergonha. Senti uma dor terrível. Segundos depois, observei que a unha estava escurecendo. O dedo latejava. Parecia que estava com taquicardia.

Os dias foram passando. Observava que, delicadamente, uma nova unha surgia sob a que fora ferida. Ela, ainda tímida, empurrava a unha velha para a frente. A dor aparecia quando eu tentava arrancá-la. Era preciso paciência! Era um processo lento, até que a unha velha desse lugar à nova.

Nos meses em que vivi esse simples processo, ouvi, diversas vezes, Deus falando comigo por meio de sua

Palavra. Era necessário que eu nascesse de novo: "Havia um homem entre os fariseus, chamado Nicodemos, príncipe dos judeus. Este foi ter com Jesus, de noite, e disse-lhe: 'Rabi, sabemos que és um Mestre vindo de Deus. Ninguém pode fazer esses milagres que fazes, se Deus não estiver com ele'. Jesus replicou-lhe: 'Em verdade, em verdade te digo: quem não nascer de novo não poderá ver o Reino de Deus'. Nicodemos perguntou-lhe: 'Como pode um homem renascer, sendo velho? Porventura pode tornar a entrar no seio de sua mãe e nascer pela segunda vez?'. Respondeu Jesus: 'Em verdade, em verdade te digo: quem não renascer da água e do Espírito não poderá entrar no Reino de Deus. O que nasceu da carne é carne, e o que nasceu do Espírito é espírito' (Jo 3,1-6)".

Jesus me fez voltar, ainda, ao tempo do profeta Jeremias. Deus queria que o povo de Israel convertesse seu coração a Ele. Por isso, levou Jeremias à casa do oleiro. Ali, o profeta aprendeu que Deus não conserta o que está estragado, mas refaz, recria. "Foi dirigida a Jeremias a palavra do Senhor, nestes termos: 'Vai e desce à casa do oleiro, e ali te farei ouvir minha palavra'. Desci, então, à casa do oleiro, e o encontrei ocupado a trabalhar no torno. Quando o vaso que estava a modelar não lhe saía bem, como sói acontecer nos trabalhos de cerâmica, punha-se a trabalhar em outro à sua maneira. Foi esta, então, a linguagem do Senhor: 'Casa de Israel, não poderei fazer de vós o que faz esse oleiro? – oráculo do Senhor. O que é a argila em suas mãos, assim sois vós nas minhas, Casa de Israel' (Jr 18, 1-6)".

No Tempo Pascal, Jesus Cristo ressuscitou! Ele venceu a morte, a vida velha. Se você entregar a Ele o seu coração, a luz brilhará em suas trevas. Você começará a renascer de dentro para fora, como minha unha que se machucou. Esse processo interior é lento e doloroso. Exigirá paciência. Mas o Senhor faz novas todas as coisas na sua vida. Que Jesus transforme sempre sua dor em consolação, sua tristeza em alegria, sua cruz em ressurreição!

A velhinha e o pit bull: uma crônica sobre capacidade, aptidão e superação

O Sol já havia se escondido. Poucas pessoas continuavam seus exercícios físicos no bosque municipal. Parei para tomar água rapidamente, pois não queria que a escuridão me abraçasse.

De repente, um susto. Levantei a cabeça e vi, bem perto de mim, uma velhinha segurando um *pit bull* numa coleira.

O cachorro fixou seu olhar em mim e eu nele. Ele mexeu as orelhas e eu continuei imóvel, como as árvores do bosque. Que fazer? Reparei a velhinha, com seus braços frágeis e mãos cansadas de tantas lutas pela vida, passeando com seu animal de estimação. Num relance, imaginei aquele cachorro me atacando.

Rezei. Supliquei a ajuda de São Miguel Arcanjo, enquanto a mulher pedia para o *pit bull* ficar quieto. "Ele não morde, moço!", disse-me. "Está acostumado a vir aqui neste horário. Nunca atacou ninguém, é manso."

O animal puxava a velhinha. Ela tentava mantê-lo perto de si, mas o cachorro a arrastava. Fui me afastando devagar, tentando manter a calma, até que me vi longe daquela situação. Minutos depois, entrei no carro são e salvo. Há tempos não sentia tanto medo!

A velhinha e o *pit bull* me fizeram pensar no que disse Jesus: "Quem de vós, querendo fazer uma construção, antes não se senta para calcular os gastos que são necessários, a fim de ver se tem com que acabá-la?" (Lc 14,28). Na vida, é necessário saber se temos condições de praticar determinadas atividades. Se não tiver preparação, é melhor deixar para outro. Se o *pit bull* quisesse me atacar, a velhinha jamais teria forças para segurá-lo. Ela seria arrastada pelo animal.

Por exemplo: quantos casais recebem o sacramento do matrimônio sem a mínima preparação ou maturidade? Não se conhecem o suficiente para uma missão tão nobre e árdua. Não cultivam uma amizade com Jesus. Não suportam o mínimo de sofrimento.

Quantas pessoas assumem a liderança numa pastoral paroquial sem capacitação? Acham que são mais importantes que o padre, o bispo, o papa!

Ao sermos chamados para realizar alguma tarefa, é fundamental calcularmos se temos condições ou mesmo vocação para ela. Imagine um jovem que deseja ser médico, mas tem medo de sangue. Que sonha ser aviador, mas tem medo de altura. Deseja ser um sacerdote, e não consegue falar em público.

É claro que essas dificuldades podem ser superadas, mas exige-se esforço, acompanhamento, coragem para superar os próprios limites e ter fé em Deus, que é mais forte que as nossas fraquezas.

Assim aconteceu com o profeta Jeremias: "Naqueles dias, foi-me dirigida nestes termos a palavra do Senhor: 'Antes que no seio fosses formado, eu já te conhecia; antes de teu nascimento, eu já te havia consagrado, e te havia designado profeta das nações'. E eu respondi: 'Ah! Senhor JAVÉ, eu nem sei falar, pois que sou apenas uma criança'".

Replicou o Senhor: "Não digas 'Sou apenas uma criança', porquanto irás procurar todos aqueles aos quais te enviar e a eles dirás o que eu te ordenar. Não deverás temê-los, porque estarei contigo para livrar-te" (Jr 1,4-8).

Seja humilde como Jeremias e não imite a velhinha do *pit bull*. Assuma suas atividades com prudência e de acordo com o que é capaz.

Acabou a gasolina

"Estando Jesus um dia à margem do lago de Genesaré, o povo se comprimia em redor dele para ouvir a Palavra de Deus. Quando acabou de falar, disse a Simão: 'Faze-te ao largo e lançai as vossas redes para pescar'. Simão respondeu-lhe: 'Mestre, trabalhamos a noite inteira e nada apanhamos; mas por causa de tua palavra, lançarei a rede'. Feito isto, apanharam peixes em tanta quantidade, que a rede se lhes rompia." (Lc 5,1-6)

Jesus convida a todos para confiar na força de sua Palavra. Recentemente, fiz uma profunda experiência do poder da Palavra de Deus. Participei de um evento na cidade de Capão Bonito, no estado de São Paulo. Antes de retornar para casa, percebi que a gasolina estava acabando. Perguntei ao Padre Juliano Oliveira, pároco da matriz Nossa Senhora Aparecida, onde eu havia celebrado a missa, se havia um posto de combustível no bairro. "Só tem na saída da cidade. É bem perto", respondeu.

Olhei o painel do carro. Daria para eu andar cerca de 50 quilômetros com aquela reserva. Segui em direção ao local indicado pelo padre, mas o posto estava fechado. Então, perguntei a um jovem onde haveria outro posto de gasolina. Ele falou que bastava eu seguir pela rodovia

Castelo Branco, em sentido a Itapetininga, que encontraria três postos ao longo do percurso, o primeiro a uns 20 quilômetros.

Preocupado, conduzi o carro enquanto acompanhava constantemente o painel. Logo observei que restava combustível suficiente para eu dirigir apenas por 30 quilômetros. Numa curva, avistei o primeiro local indicado pelo jovem, mas, para minha tristeza, também estava fechado, com cones e correntes em volta das bombas. Pensei: "Estou perdido".

Continuei em busca de outro posto de serviço, quando o painel começou a piscar sem parar. Marcava 5 quilômetros restantes de combustível. Lembrei-me do salmo 90: "Nenhum mal te atingirá, nenhum flagelo chegará à tua tenda, porque aos seus anjos ele mandou que te guardem em todos os teus caminhos" (Sl 90[91],10-11).

Entrei em oração, repetindo esses versículos com muita fé. Observei, nesse momento, uma pequena cidade à minha direita. Decidi entrar e pedir ajuda. Passava da meia-noite. Próximo a uma pracinha, vi um bar aberto; parei o carro. Um homem informou-me que havia um posto de combustível ali perto, mas estava fechado. Agradeci e decidi ir até lá. Quando me aproximei, vi uma lâmpada acesa num quartinho, no fundo do posto de serviços.

Rezei novamente aqueles versículos do salmo. Desci do carro e bati à porta daquele quartinho. Depois de alguns minutos, um homem saiu, assustado. Pedi-lhe calma. Disse que era padre, que estava sem combustível e precisava de ajuda. Ele pensou, olhou para mim e então disse: "Não posso abastecer nenhum carro depois que o posto encerra o expediente. É ordem do meu patrão. Mas vou ajudar você". Ele ligou a bomba de combustível e completou o tanque do meu carro. Emocionado, paguei o valor e agradeci por aquela imensa bondade.

Mais calmo, voltei para a rodovia. Num relance, vi a placa da entrada da cidade e fiquei sem palavras: "São Miguel Arcanjo". Lágrimas caíram dos meus olhos. A Palavra de Deus havia se cumprido na minha vida naquele instante.

Amigos invisíveis

"Cada fiel é ladeado por um anjo como protetor e pastor para conduzi-lo à vida" (São Basílio).

Desde criança, meus pais me ensinaram a pedir ajuda a um grande amigo: o anjo da guarda. Minha mãe me dizia: "Filho, se comporte direitinho na escola, senão seu anjo da guarda vai ficar triste". Quando fiquei jovem, distanciei-me dele. Não pedia mais a sua ajuda. Até que chegou o dia 2 de outubro, dia dos santos anjos da guarda. Era uma terça-feira, do ano de 2001.

Cheguei em casa na hora do almoço. Abri o portão da garagem. Desliguei o carro. Fui direto para a cozinha. "Padre, tem um monte de gente na sala querendo falar com você. Estão desesperados. Parece ser coisa grave", disse-me Dilma, a funcionária da casa paroquial.

Deixei a bolsa com os livros e as apostilas sobre a mesa da cozinha e entrei na sala. A cena me assustou: pessoas chorando, um jovem cabisbaixo, sentado no sofá. Tristeza e desesperança. "Padre, por favor, ajude a gente", implorou a mãe do rapaz. "Acalme-se, pessoal. Que está acontecendo?", perguntei. A mãe explicou: "Acabamos de sair do hospital, padre. Tivemos uma notícia terrível. Meu filho, Pedro Henrique, esse que está sentado aí, estava sendo acompanhado pelo médico com suspeita de um tumor na cabeça. O tumor maligno foi confirmado agora mesmo. É do tamanho de uma laranja. O médico o encaminhou para o Hospital do Câncer, de Barretos. Ele vai ter que passar por uma cirurgia. Estamos com medo de ele morrer, padre...".

As pessoas se abraçaram. As lágrimas tornaram-se mais intensas. Fiquei sem palavras. De repente, em meu coração, ouvi uma voz me dizendo: "Fale da fé em Jesus Cristo. Diga para pararem de chorar. Faça um círculo, coloque o jovem ajoelhado no meio e ministre o sacramento da unção dos enfermos. O Senhor vai ouvir nossa oração". Deixei a razão de lado e segui o que meu anjo da guarda pedia. Após a oração, segurei o jovem pelas mãos e coloquei-o em pé, proclamando: "Eu creio no Deus da vida. Ele está segurando você no colo dele. Seu anjo permanecerá ao seu lado durante a cirurgia".

Alguns dias se passaram. Numa quinta-feira, por volta das dezesseis horas, estava, na igreja matriz, atendendo as pessoas. Vi aquele jovem, agora careca, vindo na direção do confessionário, segurando na mão de sua mãe. Meu coração acelerou. O que teria acontecido com ele? Quando se aproximaram de mim, abraçaram-me com muito carinho. Abriram um sorriso largo. "Padre, muito obrigada. Aconteceu um grande milagre, graças as nossas orações naquele dia. Os médicos abriram a cabeça do meu filho, e o tumor, do tamanho de uma laranja, estava murcho, quase seco. Não foi preciso tirar o tumor, porque ele estava morto. Os médicos ficaram assustados.

Olhei bem nos olhos de Pedro Henrique: "Filho, agradeça a Deus e ao seu anjo da guarda. Seu amigo invisível levou ao mais alto dos céus as suas orações. Jamais deixe de pedir ajuda a esse grande amigo que Deus enviou para cuidar de você".

Os santos anjos não são coisas de criança, fantasias, contos de fada, mas uma verdade de fé. Diariamente, peço a ajuda deles para minha vida e para a vida dos que me procuram. Com os santos anjos, mostro-lhes que existe uma LUZ no fim do túnel: JESUS.

Bolinhos de chuva

O telefone tocou. Sábado. Oito da manhã. Era uma senhora da comunidade, pedindo que eu visitasse seu filho. Maria Antônia estava muito preocupada: José Roberto já perdera um rim e o outro estava bem comprometido.

Saí de casa, sem demora, levando comigo o óleo dos enfermos. Minutos depois já estava no portão da casa. Maria Antônia acolheu-me com o olhar triste, o rosto pálido e voz cansada. Sorrindo, desejei-lhe bom-dia: "Viu, Maria, como cheguei rápido?". Disse isso para mudar aquele clima de tristeza sem esperança.

Maria Antônia me chamou até o quarto de José Roberto. Ele tinha mais de 50 anos. Sempre vivera lutando, com a saúde debilitada. A mãe, viúva, dedicava todo o seu tempo a seu único filho. Ministrei o sacramento da unção dos enfermos. Não demorou muito para a tristeza do coração daquela mãe ser levada para longe, pelo vento do Espírito Santo.

Fui convidado a ir até a cozinha para tomar um cafezinho. Numa das paredes, havia um quadro de São Benedito e uma foto de um homem, bem vestido, de terno preto, lenço no bolso e chapéu. "Quem é aquele ali?", perguntei. "Ah, padre, é o João, meu marido. Fomos casados durante cinquenta e cinco anos. Ele morreu em 2010."

Ela me contou como se conheceram, numa fazenda de café da região. Falou do namoro, do dia do casamento e do nascimento do José Roberto. Recordou momentos tristes e alegres vividos por eles.

João fora um homem trabalhador, dedicado à família, mas tinha uma limitação, como me contou Maria Antônia: "Ele era sistemático, padre! Se as coisas não saíssem como ele queria, fechava-se em seu mundo e não conversava com ninguém. Se eu deixasse o tempo correr, ficaríamos semanas sem dizer uma palavra sequer um ao outro. Mas consegui desenvolver uma técnica para quebrar o silêncio dele: bolinhos de chuva! Quando percebia que ele estava zangado, ao se aproximar o horário de seu retorno do trabalho, pegava uma bacia, dois ovos, duas colheres de açúcar, uma xícara de chá de leite, farinha de trigo, para dar ponto, uma colher de sopa de fermento, açúcar e canela. Rapidamente, os bolinhos estavam crocantes e quentinhos. Mas havia mais um segredinho que eu guardava a sete chaves: para os bolinhos ficarem no ponto, o óleo precisava estar bem quente e o fogo baixo, senão eles ficariam crus por dentro. Eu fazia a maioria desse jeito, mas alguns deixava crus, de propósito. João lambia os beiços com os quitutes. Elogiava-me e, como sempre, reclamava dos queimados por fora e moles por dentro. Assim, voltávamos a conversar".

Despedi-me de Maria Antônia com água na boca e o coração cheio de alegria. No caminho para casa, pensei nas famílias que sofrem pela falta de diálogo, amor, compreensão, paciência e perdão. Quantos casamentos são desfeitos por coisas pequenas, que vão crescendo, alimentadas pela mágoa e pelo ressentimento! Diante de um conflito em sua família, você busca uma solução ou deixa a indiferença tomar conta do seu coração? Que tal seguir a ideia de Maria Antônia e preparar alguns bolinhos de chuva?

Canetas sem tinta

Quem desce apressadamente a avenida Luiz Gama, no centro da cidade de Casa Branca, interior de São Paulo, talvez não perceba o portão cinza de dois metros de comprimento da casa lilás, de número 33. Ali há um lar aconchegante: a Vila São Vicente de Paulo. O portão estava aberto. Atravessei-o. Olhei à esquerda e vi que a "vila" dispõe de proteção: três fios de arame farpado se estendem ao redor do lar; são fios velhos, próximos uns dos outros, que lembram os moradores dali, com suas rugas, cabelos brancos e corações solidários.

Um corredor grande conduziu-me a outro portão. Depois de alguns passos, fui acolhido com um sorriso. "Olá, vim visitar vocês", eu disse. "Entre. Venha aqui, na minha sala. Aceita um café?", perguntou-me Solange Scacabarrozzi. Ela trabalha no escritório, organiza tudo o que chega, recebe as mensalidades dos benfeitores e acompanha os moradores ao supermercado, ao banco ou ao médico, se necessário. Diz ela que ali moram vinte e quatro pessoas em dezesseis casas pequenas com sala, cozinha e banheiro. Desde 1933, os vicentinos fazem esse trabalho, acolhendo pessoas idosas que precisam de teto, apoio e carinho. A maioria delas vive em situação de exclusão social e familiar.

Saí da sala e voltei ao corredor. Uma velhinha simpática, sentada na escada de uma das casas, qual criança à espera do pai ou da mãe com um presente, me disse "oi". "Posso me sentar aqui perto da senhora?", perguntei. "Claro", ela me respondeu. Maria Conceição Geraldo Fernandes, nascida em Minas Gerais em 1937, brincalhona, me contou: "Dizem que quem tem quatro nomes é ladrão de cavalos... ha, ha, ha". Chinelos vermelhos, vestido cheio de flores pequenas, cabelos brancos e muita energia, Maria Conceição teve 22 filhos. Ao ficar viúva, foi morar com uma das filhas. Não deu certo. Achou melhor ter seu cantinho. Em 2002, recebeu cem reais e procurou a Solange. "Ela me disse que, se eu desse uma ajeitada numa casinha que estava desocupada aqui no lar, eu poderia vir pra cá." Maria foi a uma loja de materiais de construção. Deu cem reais de entrada e parcelou o restante da compra. "A Solange me ajudou demais. Ela é como uma filha pra mim."

Na casa de Maria Conceição, a cama fica encostada no canto esquerdo da sala, não muito afastada da mesa com quatro cadeiras. Numa das paredes há um quadro da Sagrada Família; em um canto, sobre um móvel, uma boneca de pano e um ursinho de pelúcia marrom de orelhas pretas. São recordações de um tempo que não existe mais, levado para longe, qual nuvem passageira. Sobre a televisão, uma toalha com um bordado azul-escuro e um cachorro de louça. "É meu bicho de estimação", disse. O cachorro de Maria Conceição não late, não abana o rabo, não lambe seu rosto, nem dá sinal de vida, mas preenche o vazio deixado pela ausência dos filhos e netos. Entretanto, não guarda mágoa. Ela abraçou o cachorro e disse que, apesar de tudo, ama a sua família. "De vez em quando eles vêm me ver."

Abracei Maria Conceição e fui deixando o lar. Batia no portão um sol tão forte que me ofuscava os olhos. Saí. Olhei os velhinhos acenando-me as mãos. Seus olhos brilhavam mais que o sol. Para eles, receber visita é mais que um momento de afeto e atenção: isso os motiva, alimenta suas esperanças porque os faz sentirem-se pessoas importantes e úteis. Para muitos da família e da sociedade, eles não passam de velas derretidas, fósforos queimados, canetas sem tinta.

Casas construídas sobre o açacu

"Aquele, pois, que ouve estas minhas palavras e as põe em prática é semelhante a um homem prudente, que edificou sua casa sobre a rocha. Caiu a chuva, vieram as enchentes, sopraram os ventos e investiram contra aquela casa; ela, porém, não caiu, porque estava edificada na rocha." (Mt 7,24-25).

Todos os anos, a pequena cidade de Careiro da Várzea (Amazonas) celebra a festa de Nossa Senhora do Perpétuo Socorro. Anos atrás, recebi o presente de ser convidado para participar desse grande evento. Saí de Manaus, de barco, pela manhã, e atravessei o encontro das águas dos rios Negro e Solimões. Pouco depois, avistei a pequena vila, toda enfeitada para as comemorações. Padre Acássio, missionário que vive na região, esperava-me no porto. O calor era intenso, mas ainda mais forte era o calor humano dos que estavam ali. Chegamos à casa de Neide, uma simpática careirense que havia preparado um almoço completo: arroz, tambaqui assado, farofa, pirarucu com batatas...

Após a refeição, Padre Acássio e eu fomos para o terraço, de onde se avistava o rio Solimões e a maioria das casas de Careiro. "Interessantes as casas flutuantes às margens do rio. É algo muito diferente do que estou acostumado", comentei.

O padre sorriu e me explicou que a cidade, na época da cheia do rio, transforma-se numa várzea. Além disso, é costume dos ribeirinhos construírem suas moradias sobre troncos de uma árvore comum na região, o açacu. De madeira leve e macia, essa árvore pode chegar a trinta metros de altura. Suas folhas são lisas, e seu tronco, cuja seiva é venenosa, tem espinhos. O curioso é que seu tronco apodrece rápido quando está em contato com a terra; porém, dura até cinquenta anos se estiver mergulhado nas águas dos rios. As casas construídas sobre os troncos de açacu acompanham a cheia e a baixa das águas dos rios. Os moradores podem se mudar de um lugar para outro, levando a casa.

A festa foi maravilhosa! As 92 comunidades da paróquia vieram homenagear a Mãe do Perpétuo Socorro. O círio fluvial fez meu coração bater mais forte. Dom Luiz Soares Vieira, arcebispo de Manaus, presidiu a missa com entusiasmo. No final da celebração, as crianças caboclas coroaram a imagem de Nossa Senhora com flores nativas.

No dia seguinte, pela madrugada, deixei Careiro da Várzea de volta a Manaus. A lua cheia iluminava as águas e as casas flutuantes. Lembrei-me de Jesus, que ensinava os apóstolos no mar da Galileia. Os ribeirinhos do Amazonas vivem felizes e seguros sobre os troncos do açacu, como os que edificam suas casas sobre a rocha, que é o próprio Jesus!

Cheque em branco

Dias atrás, estava organizando uma das gavetas do meu criado-mudo, ao lado de minha cama, e encontrei uma fotografia que me fez viajar no tempo. Em segundos, minha memória me levou ao ano de 1977, no dia 3 de maio, precisamente, dia da minha primeira comunhão. Na foto, eu estou no centro. À minha direita, o padre João Ripoli, então pároco de minha pequena cidade. À minha esquerda, dona Izildinha, minha catequista.

Meu coração bateu mais forte. A saudade me abraçou. Recordei os momentos em que vivi ao lado dela e de outras crianças, eternizados em minha alma. Minutos depois, guardei a foto com cuidado e continuei organizando a gaveta. De repente, uma das histórias que dona Izildinha nos contou renasceu em mim:

"Um jovem, ao completar 18 anos, fez um pedido ao pai: queria de presente um carro zero quilômetro. Ele acabara de tirar a carteira de motorista, e esse era seu maior sonho. O pai organizou uma festa e convidou os amigos de seu filho. A família estava reunida naquela noite especial. O jovem abraçava os convidados e agradecia os presentes que recebia. Mas, ansioso, esperava a surpresa do pai, o carro novo que havia pedido. No meio da festa, o pai começou a falar: 'Meu filho, você é a pessoa mais importante de minha vida. Pensei em comprar um presente que manifestasse esse carinho que tenho por você. Espero que goste e guarde para sempre a carta de amor que Deus nos escreveu'. Todos ficaram curiosos. Que seria? O filho abriu o pacote. Era a Bíblia Sagrada. A festa acabou. O jovem, revoltado e frustrado, jogou a Bíblia no chão e saiu. O pai, envergonhado e triste, pegou a Bíblia do chão. Desconcertado, desculpou-se pela atitude do filho.

Os anos se passaram. Aquele pai ficou muito doente e morreu. O filho havia se formado. Estava bem de vida. Morava bem longe dali. Depois do enterro do pai, ele permaneceu mais alguns dias na casa da família. Arrependido, perguntou para a mãe onde estava a Bíblia que seu pai lhe dera. Ao abrir a Palavra de Deus, deparou-se com um bilhete e um cheque em branco com a assinatura do pai: 'Meu filho, esta é uma noite inesquecível para mim! Você está comemorando seus 18 anos. Você me pediu um carro zero, mas eu decidi lhe dar o melhor de todos os presentes: a Palavra de Deus. Ela deve ser a sua maior riqueza, a luz para seus passos, o alimento para sua fome, a água para sua sede. Também lhe dou um cheque em branco para você comprar o carro que me pediu. Escolha um do seu gosto. Sua felicidade é minha felicidade'. Ao terminar de ler o bilhete, o jovem abraçou a Bíblia e caiu num choro incontrolável. A mãe abraçou-o e o consolou. A folha de cheque estava amarelada pelo tempo. As únicas palavras que ele conseguia pronunciar eram: 'Pai, me perdoe! Pai, me perdoe!'. Mas seu pai não estava mais ali. Havia partido para a eternidade".

Vamos nos aproximar com mais fervor da Palavra de Deus. O Pai do Céu nos deu esse presente maravilhoso. Em cada livro, capítulo e versículo, Ele revela quão grande é seu amor por nós!

Deus criou o Sol e o mar

Há alguns anos conheci Marisol Alonso, uma guerreira de 39 anos que tem palavras da profundidade do mar e o brilho do Sol no sorriso. Casada com Fernando e mãe de Luan, hoje com 15 anos, ela sofre, deitada numa cama, na sala de sua casa, sentindo dores vinte e quatro horas por dia. Uma dor que não passa, não diminui, mesmo com os remédios mais fortes que a medicina inventou. Seu refúgio é Jesus Misericordioso.

O seu calvário começou quando ficou grávida pela primeira vez e perdeu o bebê. Na época, o médico que a atendia descobriu que ela tinha endometriose profunda, doença que provoca infertilidade e dores fortíssimas. Conseguiu engravidar de Luan depois que pediu a Jesus um milagre. Todavia, depois do nascimento do filho, os hospitais passaram a fazer parte de sua rotina. Ao todo, foram 17 cirurgias. Em 2005, no hospital Sarah Kubitschek, em Brasília, ouviu a pior notícia de sua vida: "infelizmente, não existe solução para o seu caso".

Depois da notícia, Marisol e o marido voltaram para casa. Uma forte tempestade sacudiu o mar e o Sol escureceu. Mas Jesus veio ao seu encontro num sonho: "Estávamos num lugar muito bonito. Havia uma lagoa e a Lua se refletia nela. Vi Jesus caminhando em minha direção, com os braços estendidos. Ele pronunciou o meu nome. Segurei em suas mãos. Entramos na lagoa e caminhamos sobre as águas. Ele me acalmava. Dizia que me amava muito e tinha uma missão especial para mim".

Passados alguns dias, ela compreendeu o sonho. Uma mulher foi visitá-la, acompanhada de seu filho de 10 anos. Veio pedir orações porque queria tirar a própria vida. Não suportava mais o sofrimento no casamento. Marisol conversou com ela por mais de duas horas, rezou e entregou sua vida a Jesus. Pouco tempo depois, a família encontrou uma luz. Quase todos os dias, pessoas vêm a sua casa para pedir orações. O que Jesus disse para São Paulo foi gravado pelo Espírito Santo em seu coração: "Basta-te a minha graça; pois é na fraqueza que a força se realiza plenamente" (2Cor 12,9).

A missão de Marisol foi ampliada ao ganhar um computador de presente do marido e do filho. Ouviu Jesus chamando-a para evangelizar pela internet. Com muito esforço, aprendeu a lidar com os programas e montou um *blog*, www.pazuniversal.space-blog.com.br, onde publica suas experiências com Jesus Misericordioso. Ela sente-se acalentada no colo daquele que criou o mar e o Sol: "Nunca fui tão feliz como agora! Quanto mais o tempo passa, mais sinto o amor de Jesus dentro de mim".

Diamante lapidado pelo amor

Campina Grande é terra natal de José Inácio de Almeida, aposentado, carpinteiro como São José. No dia 20 de maio de 2010, José e Lindaura comemoraram bodas de diamante. Sessenta anos de vida matrimonial, alicerçada no amor.

Tudo começou na década de 1940. José tinha 17 anos. Com a morte do pai, mudou-se para o Rio de Janeiro. Logo, conseguiu emprego numa das empresas de Francisco Matarazzo. Cinco anos mais tarde, José foi transferido para São Paulo. Decidiu, então, voltar à Paraíba e trazer a mãe para morar consigo. Foi assim que conheceu Lindaura: "Cheguei à casa de minha irmã Rosa. Vi uma menina linda que fez meu coração acelerar. Disse, brincando, que um dia voltaria para buscá-la".

Demoraram somente dois anos para a brincadeira se tornar realidade. José enviou um telegrama para seu futuro sogro, pedindo-lhe a mão da Lindaura. Ele aceitou sem problema, pois sabia que o jovem era trabalhador.

O carpinteiro preparou tudo. Foi para Campina Grande e se casou com Lindaura na igreja matriz, no altar da Imaculada Conceição. O casal ficou alguns dias na Paraíba e foi depois, de navio, para o Rio de Janeiro.

José e Lindaura moravam na Avenida Tucuruvi, na capital Paulista. Mas o grande sonho deles era a construção da casa própria. Compraram um terreno no bairro Lauzane Paulista, na Zona Norte da cidade. Francisco Matarazzo ajudava-os. Mandava areia, tijolos e madeira para a construção. Depois de muita luta, a casa ficou pronta. Tiveram três filhos: Aparecida, Sônia e Luiz Carlos.

José continuou sua vida de carpinteiro ao lado de Lindaura e dos filhos, até que a aposentadoria chegou. "As coisas foram ficando difíceis. Viver em São Paulo, com salário de aposentado, é muito complicado. Mas a nossa fé em Deus sempre foi grande. Ele nunca desamparou a gente".

Certa vez, o casal e os filhos foram passear numa cidade do interior do Estado. José pensou: "Que sossego! Que lugar bom pra se viver!". Começava uma nova etapa na vida da família. Um dos filhos do casal, Luiz Carlos, comprou naquela região um imóvel e entregou as chaves para o pai: "Essa casa é para o senhor e a mãe morarem até o fim da vida. Vocês fizeram muito por nós. Agora vamos cuidar de vocês".

Hoje, com mais de 80 anos, José acorda todo dia, bem cedo, para comprar pão, varrer o quintal e regar a pequena horta, enquanto Lindaura prepara o café. Numa sociedade ferida pelo divórcio, qual o segredo para um casamento tão duradouro? José responde: "A fé em Deus! Com ou sem problemas, a gente precisa manter nossa família unida, segurando nas mãos de Jesus e de Nossa Senhora".

Esperança e vida pela via do amor

A cada minuto, no mundo, onze pessoas são infectadas pelo vírus HIV. No Brasil, mais de 600 mil com a doença não apresentam sintoma. Por ano, em nosso país, 8 mil adolescentes contraem a doença. Isso me foi dito pelo sociólogo e professor Roberto Geraldo da Silva, 51 anos, fundador da Associação de Apoio a portadores de Aids Esperança e Vida, de Campinas (SP).

A Associação surgiu pela necessidade de ajuda espiritual e social para as pessoas com HIV e Aids, excluídas do convívio social. Atua em três áreas: evangelização, apoio e prevenção. Atualmente, atende 400 pessoas. Destas, 80 são assistidas em regime interno e semi-interno e 320 junto à família.

Os serviços de apoio e prevenção são totalmente gratuitos e prestados por uma equipe de pessoas consagradas, colaboradores contratados e voluntários, altamente qualificados do ponto de vista técnico, humano e cristão, e mantidos por doações de sócios contribuintes que colaboram espontânea e mensalmente.

Segundo Robertinho, o perfil da epidemia sofreu grandes mudanças. Antes, a doença estava presente nos grupos de risco: homossexuais, usuários de drogas injetáveis, hemofílicos e pessoas de vida promíscua. A partir da década de 1990, o HIV e a Aids começaram a atingir homens e mulheres, cidadãos comuns de todas as classes sociais. O grande grupo de risco tornou-se a própria sociedade.

Robertinho foi inspirado a fundar a Associação a partir de uma experiência muito forte com Deus. Um dia, Alcindo Souto, seu amigo, convidou-o para visitar um casal doente em uma favela, no Jardim Florence. No meio do caminho, ele revelou que o casal tinha Aids. Pediu ao amigo para parar o carro porque não estava preparado para enfrentar uma situação como aquela. Mas Alcindo o convenceu a continuar o trajeto. Era 11 de fevereiro de 1990. Chegaram ao barraco. Encontraram Luiz Carlos, 25 anos, em fase terminal. Pesava 30 kg. Ao seu lado, chorando, Andréa, 22 anos, portadora do HIV. Robertinho ficou tão chocado com a cena que pediu para Jesus fazer um milagre àquele jovem. Naquele exato momento, sentiu a resposta no coração: "Eu já fiz o milagre: você". No dia seguinte, voltou sozinho ao lugar para oferecer ajuda ao casal. Passou a levá-los ao Hospital das Clínicas da Universidade Estadual de Campinas (Unicamp) e começou a ter contato com outros doentes. Foram surgindo voluntários.

Assim, nasceu a Associação que leva Esperança e Vida pela via do amor aos que tinham a morte como única saída.

Estojo de maquiagem

"Em Jesus Cristo brilhou para nós a esperança da feliz ressurreição. E, aos que a certeza da morte entristece, a promessa da imortalidade consola. Senhor, para os que creem em vós, a vida não é tirada, mas transformada. E, desfeito o nosso corpo mortal, nos é dado, nos céus, um corpo imperecível." (Missa de finados – prefácio "A esperança da ressurreição de Cristo")

Muitas pessoas perdem o brilho do olhar e deixam de sorrir quando passam por uma situação de morte na família. Isso é compreensível. No entanto, um coração fixado na dor da perda torna-se incapaz de perceber a presença consoladora de Jesus: Caminho, Verdade e Vida.

Um dia, fui a um velório fazer orações para um idoso que havia morrido. Proclamei o Evangelho no qual Jesus diz: "Eu sou a ressurreição e a vida" (Jo 11,25). Cantei "O Senhor é minha luz e minha salvação" (Sl 26,1) e consolei a família que chorava.

Quando estava saindo, um agente funerário me chamou: "Padre, há outro corpo para o senhor benzer. É uma mulher. Ela está na sala de preparação. É indigente, por isso não vai ser colocada na sala para ser velada. Daqui vamos levá-la ao cemitério".

Acompanhei-o. O cheiro forte dos crisântemos amarelos penetrou em minhas narinas. Mosquitos voavam, vagarosamente, ao redor do caixão. O rapaz segurava um estojo de maquiagem. Estava terminando de "embelezar" a mulher. Ele me perguntou: "Padre, a maquiagem está boa?". Silenciei. Aquilo era estranho para mim.

Perguntei: "Você faz isso em todas as mulheres?". O rapaz colocou o estojo sobre uma mesinha ao lado e pegou uma escova para pentear os cabelos da mulher. "Só não faço se a família não quiser." Perguntei por que ele estava passando aqueles produtos se ela seria enterrada sem a família. "Acostumei a fazer isso, padre. Não custa deixá-la com uma aparência melhor, não é mesmo?"

Rezei com fé, pedindo misericórdia. Aspergi-a com a água-benta e cantei, baixinho, uma linda canção da Igreja em homenagem a ela: "Deus enviou seu Filho amado para morrer no meu lugar. Na cruz, pagou os meus pecados, mas o sepulcro vazio está, porque Ele vive!". Se a família da Terra não estava presente, ela podia contar com dois irmãos na fé — o rapaz e eu.

No mês de novembro, a Igreja celebra a vitória de Jesus Cristo sobre o pecado e a morte e reaviva a chama da esperança. Ela agradece ao Senhor e intercede por aquelas pessoas queridas que partiram para a vida eterna.

Hoje, a morte está sendo maquiada. Muitas pessoas fogem dela, não ouvem a Boa-Nova que Jesus veio trazer. Aquele rapaz da funerária, com todo respeito e carinho, usa os produtos de beleza para deixar o corpo dos falecidos com uma aparência melhor. Jesus é mais que um maquiador. Ele é o Salvador! Ele não esconde a fragilidade da morte com produtos de beleza, mas transforma aquele corpo perecível num corpo imperecível. A morte, para o cristão, não é "fim-fim", mas "fim-plenitude". É um novo nascimento, como escreveu São Paulo aos Coríntios: "Se é só para esta vida que temos colocado a nossa esperança em Cristo, somos, de todos os homens, os mais dignos de lástima" (1Cor 15,19).

Fogão a lenha

Santos Dumont, Minas Gerais, é conhecida como a cidade que deu asas ao mundo. Berço do "pai da aviação", está localizada, próximo de Juiz de Fora, num excelente eixo que liga três grandes capitais: São Paulo, Belo Horizonte e Rio de Janeiro. No final do primeiro semestre de 2014, fui convidado para participar das comemorações a São João Batista, padroeiro de São João da Serra, pequeno distrito incrustado nas montanhas. O vilarejo, de pouco mais de 600 habitantes, acolheu-me com alegria e entusiasmo, tendo à frente o Padre Ailton e a coordenadora Margarete. A igreja estava toda reformada, com lindas palmeiras à frente e muitas sicas nas laterais. A missa foi animada, e o local ficou pequeno para tanta gente que veio da região.

Depois da celebração, Padre Ailton convidou-me para um jantar à mineira, na casa de uma das moradoras da comunidade: dona Maria Aparecida. Descemos a rua principal, caminhando, com cuidado, sobre o calçamento feito com pedras centenárias. Ao chegarmos à casa de dona Maria, ela abriu um sorriso: "Que bom que você veio, Padre Agnaldo! Passei a tarde inteira preparando a comida. Espero que goste. Fiz tudo com muito carinho e capricho". Fiquei com água na boca ao me deparar com frango caipira, angu, mandioca frita, couve cozida, ovo frito, leitão à pururuca, arroz e tutu de feijão. Tudo estava sobre o fogão a lenha. Quanta fartura! Tive que provar um pouquinho de cada coisa.

Quando o jantar terminou, dona Maria serviu um cafezinho fresco, adoçado com açúcar mascavo. O frio lá fora já incomodava, mas o calor do fogão nos aquecia. Puxei assunto sobre aquele objeto em extinção, em nossos dias: o fogão a lenha. Dentre tantas coisas interessantes, explicou-me como acendê-lo: "A gente pega dois pedaços de lenha mais grossa e coloca dentro dele. Depois, põe um pouco de palha de milho e alguns gravetos e ajeita no fundo. Aí, a gente coloca fogo na palha. Pouco a pouco, o fogo começa a queimar os gravetos até incendiar a lenha maior e mais grossa". Conversa vai, conversa vem, quis saber como fazer para mantê-lo aceso por mais tempo. Dona Maria explicou que bastava ir colocando alguns gravetos ou sabugos de milho dentro dele. Desse modo, as brasas se mantêm acessas e vermelhas e a comida permanece quente. Já passava da meia-noite. Padre Ailton e eu nos despedimos, indo para a casa paroquial.

Quando o dia amanheceu, iniciei a viagem de volta para casa. Seriam mais de 550 quilômetros. Prestava atenção nas curvas da rodovia Fernão Dias e meditava sobre o relacionamento de dona Maria Aparecida com seu fogão a lenha. Quando ele queria se apagar, ela colocava gravetos e sabugos de milho para reacender as brasas. Pensei na vida espiritual e percebi que, muitas vezes, as cinzas do desânimo, da preguiça, do comodismo e da indiferença querem dominar nosso coração. Daí, a importância da oração cotidiana. Será que nós – você e eu – mantemos acesas as brasas da fé, da esperança e da caridade dentro de nós? Quando ficamos fracos, reacendemos o fogão a lenha de nossa alma? Se Santos Dumont deu asas para o mundo, a oração nos dará asas para o céu!

Frente a frente com Pelé

A casa é espaçosa. Na sala, um sofá amarelo e uma estante cheia de livros e troféus – um deles, dourado, em forma de chuteira. Sobre a mesa, uma imagem de Nossa Senhora Aparecida e um terço pendurado num crucifixo. Mas o que mais chama a atenção é uma relíquia pendurada na parede do fundo, entre dois candelabros: um quadro com uma fotografia do jogador de futebol Maritaca junto com Pelé, na qual ambos estão de frente um para o outro.

Wilson Maritaca, ex-jogador de futebol, nasceu em Casa Branca, cidade do interior de São Paulo, em 1947. O pai era ferroviário, a mãe doméstica. Aos 13 anos, já se revelava um craque no time da escola. Por isso apelidaram-no de Pelezinho. Aos 20 anos, mudou-se para Araraquara e foi jogar no time da cidade. "Em 1967, quando cheguei à Ferroviária", conta ele, "aquela equipe não estava na divisão especial do Campeonato Paulista. Mas, naquele ano, conseguimos chegar à final contra o XV de Piracicaba. Foi meu o gol do título e do acesso da equipe à elite do futebol estadual. Foi o meu primeiro título. A partir disso passei a ser ainda mais valorizado no mundo do futebol."

Maritaca jogou também no Botafogo de Ribeirão Preto e chegou ao topo da carreira quando foi para a capital, São Paulo: "Em 1974 eu fui para o Corinthians, quando disputei o Campeonato Paulista. Perdemos a final para o Palmeiras por 1 a 0. Aí aconteceu uma coisa difícil pra mim: eu me machuquei e tive que ficar todo o ano de 1975 sem jogar. Recuperado, fui para o XV de Piracicaba em 1976. Disputei a final, novamente contra o Palmeiras. Perdemos também por 1 a 0", conta.

Mas o momento mais emocionante na vida de Maritaca aconteceu em 1969, conforme ele relata: "Foi um jogo na Vila Belmiro. Eu estava na Ferroviária. Era uma data importante, dia do aniversário da minha mãe. Ela era santista, recomendou-me que eu pedisse a camisa para o Pelé. Antes de iniciar o jogo, me aproximei dele, falei do aniversário de minha mãe e pedi a camisa, dizendo que seria o maior presente que eu podia dar a ela. Aí ele falou: 'Olha, Maritaca, há um coronel aqui na Vila vendo a partida. Ele me pediu a camisa. No próximo jogo, eu prometo que darei uma para a sua mãe'. Fiquei triste o jogo inteiro. Contudo, para minha surpresa, quando o jogo acabou, eu ouvi o Pelé me chamando, 'Maritaca, Maritaca', e correndo em minha direção. E então disse: 'Leve a camisa para a sua mãe. Dê um abraço nela por mim'. Meus olhos se encheram de lágrimas. O Pelé era um atleta diferente. Estava mil anos à frente de todo mundo".

Hoje, Maritaca continua morando em Casa Branca, participa ativamente da comunidade e faz parte da coordenação do Curso de Evangelização Comunitária (CEC), anunciando o amor de Jesus Cristo àqueles que estão afastados da Igreja. Seu sorriso cativa todo mundo, além de suas histórias sobre o futebol. Recorda os momentos felizes e tristes da carreira e seu encontro com Jesus – a quem chama de "meu amigo de todas as horas". A sua maior alegria é estar em casa com a família e ter muitos amigos. "Estes são os meus maiores troféus."

Histórias ao redor do fogão a lenha

Quando fecho os olhos e penso na minha infância, lembro-me de duas pessoas que não estão mais neste mundo: Joaquim e Alice. O primeiro, pai de minha mãe; a segunda, mãe de meu pai. Joaquim, mineiro de São Sebastião do Paraíso, além de especialista em pesca, era bom de prosa. Adorava reunir os netos junto ao calor do fogão a lenha e contar histórias.

Num inverno, ele pôs batatas-doces no meio das cinzas, com algumas brasas avermelhadas, e começou:

"Um dia, eu estava na beira do rio Pardo, pescando. Fazia muito frio. Levei uma garrafa de vinho para tomar um gole de vez em quando. De repente, olhei pra trás. Vi uma sucuri enorme. Devia ter uns dez metros. Olhava pra mim com uma rã presa na boca. Meu coração disparou. Pensei que iria me engolir também. Então, tive uma ideia: peguei a garrafa, aproximei-me dela com cuidado e puxei a rã. Despejei uma boa dose de cachaça naquela boca imensa. A sucuri foi saindo devagarinho, devagarinho. Suspirei. Estava salvo. Então, voltei a pescar. Pouco tempo depois olhei para trás de novo... quase pulei no rio de tanto medo! Sabe quem estava ali? A sucuri. Agora com duas rãs naquela bocoooona!".

Para nós era uma festa! Acreditávamos, piamente, em tudo o que contava. Vovó Alice, muito religiosa, também adorava contar "causos" para a gente. Sempre me recordo da história de São Benedito com Nossa Senhora:

"Um dia São Benedito estava na cozinha pensando no que faria para o almoço dos padres. De repente, olhou à sua frente. Viu Nossa Senhora chegando com o menino Jesus no colo. São Benedito ficou muito alegre. Pediu para Maria deixá-lo dar uma volta com o menino pelo jardim do convento. Ela satisfez o seu desejo. Benedito, então, saiu com Jesus no colo. Foi mostrando-lhe todas as belezas que viam. O tempo foi passando sem que percebesse. O Sol já estava no meio do céu quando o santo deu por si. Ficou desesperado, pois era hora de servir o almoço. Ele não havia preparado nada. Voltou correndo para o convento. Para sua surpresa, Nossa Senhora havia feito a comida. A mãe de Jesus voltou para o céu, e Benedito serviu o almoço. Não sobrou nem um grão de arroz para contar a história. Depois que todos almoçaram, o reitor do convento chamou Benedito e lhe disse: 'Parabéns. Você nunca fez um almoço tão gostoso como este'. O santo ficou bem quietinho. Afinal, se ele contasse o que havia acontecido, ninguém acreditaria".

A família é a maior educadora que existe. Felizes as crianças que têm alguém que as ame. As histórias de Joaquim e Alice estão gravadas no meu coração. Nada as poderá apagar.

Idosa, eu?

Feriado de sete de setembro de 2012. O aeroporto de Manaus está em reforma por causa das obras para a Copa do Mundo de Futebol, que aconteceria no ano seguinte. São duas horas da manhã, e ainda há muita gente na sala de espera. Enquanto aguardo o embarque, tomo um café.

Chega o momento de entrarmos na aeronave: "Atenção, senhores passageiros com destino a São Paulo, com escala em Brasília. O embarque será iniciado pelo portão C. Tenham a passagem e um documento de identificação em mãos. Primeiramente, vamos atender gestantes, mães com crianças de colo, idosos e pessoas com necessidades especiais".

Uma grande quantidade de pessoas levanta-se das cadeiras e uma enorme fila se forma à minha frente. Também me levanto e rumo para o final da fila. Num relance, olho e vejo uma mulher, aparentando uns 70 anos, atrás de mim. "A senhora não precisa ficar aqui na fila, os idosos têm prioridade. É só ir para aquele lado", digo a ela, enquanto aponto para o portão. Ela imediatamente faz cara feia: "Quem falou para você que sou idosa? Vou ficar aqui mesmo". Peço desculpas. Permaneço cerca de vinte minutos na fila e finalmente entro no avião. Atrás de mim, somente aquela senhora.

Durante a viagem, penso na liberdade que Deus dá aos homens. Existem tantas oportunidades de crescimento na vida espiritual. Ele quer derramar o seu amor, sua misericórdia e paz. Mas quantas vezes as pessoas agem como essa mulher? Não aceitam a sua situação e, mesmo quando chamados a algo melhor, rejeitam a oferta por orgulho e teimosia.

A Bíblia conta-nos que, um dia, Jesus passou pela cidade de Jericó. Havia ali um homem chamado Zaqueu, que era chefe dos publicanos e muito rico. Ele procurava ver quem era Jesus, mas não conseguia. Por ter estatura baixa, a multidão encobria sua vista. Ele correu à frente e subiu numa árvore para ver Jesus, que devia passar por ali. Quando Jesus chegou ao lugar, olhou para cima e disse: "Zaqueu, desce depressa! Hoje eu devo ficar na tua casa". Ele desceu e recebeu o Senhor com alegria.

Ao presenciar a cena, muitos murmuraram: "Foi hospedar-se na casa de um pecador!". Zaqueu pôs-se de pé e disse ao Senhor: "Senhor, a metade dos meus bens darei aos pobres e, se prejudiquei alguém, vou devolver quatro vezes mais". Jesus lhe disse: "Hoje aconteceu a salvação para esta casa, porque também este é um filho de Abraão. Com efeito, o Filho do Homem veio procurar e salvar o que estava perdido" (Lc 19,1-10).

Zaqueu tinha suas limitações. Era rejeitado não por ser baixinho, mas por explorar as pessoas, roubar os pobres. Naquele dia, no entanto, ele aproveitou a oportunidade de se encontrar com Jesus. Não foi orgulhoso. Subiu naquela árvore e não somente viu, como também foi visto por Jesus. Além disso, o Mestre quis conhecer sua casa. Zaqueu o recebeu com alegria e teve sua vida transformada pelo amor de Deus.

Jesus também nos chama para embarcar na aeronave que conduz para o Reino dos céus: a comunhão com Cristo. Não faça como a senhora no aeroporto de Manaus, que foi chamada a entrar no avião e preferiu permanecer no fim da fila. Esteja aberto ao chamado de Jesus e voe rumo ao infinito.

Jesus e o engraxate

As coisas que acontecem conosco nos ensinam a viver mais unidos a Jesus Cristo. Eu estava na cidade do Cairo, Egito, no mercado popular, conhecido como Mercado das Pulgas. Pessoas se acotovelavam nas ruas apertadas. Comerciantes nos cercavam, quase nos obrigando a entrar em suas lojas. Caminhava, observando diversos produtos da terra dos faraós. Depois de comprar algumas lembrancinhas, cansado, avistei uma árvore pequena, com algumas flores, convidando-me a fugir do sol.

Sentei-me num banco levemente inclinado. Coloquei os presentes ao meu lado e respirei profundamente. De repente, senti alguém esfregando alguma coisa nos meus sapatos. Um jovem engraxate puxou o meu pé. "O que é isso?", perguntei. Como ele não entendia português, continuou engraxando os meus sapatos, agora segurando o sapato do pé esquerdo.

Deixei. Afinal, que fazer naquela hora? Ele terminou o serviço, levantou-se do chão e disse: "cinquenta libras", quantia equivalente a dez dólares ou vinte reais. Entreguei-lhe cinco dólares. Ele, segurando o outro sapato nas mãos, pediu-me mais. Entreguei-lhe o que tinha no bolso naquele instante. Só assim me devolveu o sapato e rapidamente se perdeu no meio da multidão. Achei tudo muito estranho. Pouco a pouco o susto foi passando. Senti compaixão daquele jovem, aparentemente pobre e sofredor.

Lembrei-me, então, de Jesus. Ele acolhia todos os que se aproximavam dele: crianças, jovens, mulheres, pescadores, doutores. Sempre tinha uma palavra de conforto. Curava os doentes, ressuscitava os mortos, perdoava os pecadores, como vemos no Evangelho: "Jesus entrou em Jericó e ia atravessando a cidade. Havia ali um homem muito rico chamado Zaqueu, chefe dos recebedores de impostos. Ele procurava ver quem era Jesus, mas não o conseguia por causa da multidão, porque era de baixa estatura. Ele correu adiante, subiu em um sicômoro para ver quando ele passasse por ali. Chegando Jesus àquele lugar e levantando os olhos, viu-o e disse-lhe: 'Zaqueu, desce depressa, porque é preciso que eu fique hoje em sua casa'. Ele desceu a toda pressa e recebeu-o alegremente. Vendo isto, todos murmuravam e diziam: 'Ele vai hospedar-se em casa de pecador'. Zaqueu, entretanto, de pé diante do Senhor, disse-lhe: 'Senhor, vou dar metade dos meus bens aos pobres e, se tiver defraudado alguém, restituirei o quádruplo'. Disse-lhe Jesus: 'Hoje entrou a Salvação nesta casa'" (Lc 19,1-9).

Jesus está presente em nossos irmãos que sofrem. Ele foi ao meu encontro no Egito, por intermédio de um jovem engraxate, convidando-me à fraternidade. Ele faz o mesmo com você.

Maçã envernizada

O mundo vive numa sociedade de imagens. O mercado da moda e dos cosméticos cresce a cada ano. As pessoas cuidam da aparência. Fazem musculação, consomem produtos *diet* e *light*, frequentam salões de beleza. A casca tem mais importância que o sabor do fruto.

Cuidar de si, amar a própria vida, buscar a saúde são atitudes importantes. As pessoas são templos vivos do Espírito Santo. Todavia, hoje, muitos têm um cuidado exagerado com seu exterior e o mínimo zelo com seu mundo interior. Como diz o ditado popular: "Por fora, bela viola; por dentro, pão bolorento". Deus sonda as profundezas da alma. Ele não se importa muito se a casca é bonita ou não.

Dias atrás fui ao supermercado comprar frutas. Meus olhos se encantaram com tanta variedade. Entre tantas coisas maravilhosas, uma me chamou a atenção: uma maçã graúda. Segurei-a, com cuidado, e a observei bem: ela estava brilhando demais! Perguntei a um moço que trabalhava naquele setor: "Esta maçã é natural? Parece que passaram verniz nela". O moço deu um sorriso, sem graça: "Depois da colheita, padre, eles passam um produto para deixá-la mais brilhante. Você sabe, né, as pessoas compram com os olhos, não com a cabeça. Está vendo esta maçã aqui? Ela é feinha, mas o sabor é mil vezes melhor que essa que está em suas mãos", comentou, apontando para a gôndola dos produtos sem agrotóxicos.

Um dia, Deus chamou o profeta Samuel. Pediu que fosse a Belém, à casa de Jessé, pois havia escolhido um dos seus filhos para ser rei de Israel. Ao chegar a Belém, Samuel viu Eliab e pensou consigo: "Certamente é esse o ungido do Senhor". Mas o Senhor disse-lhe: "Não te deixes impressionar pelo seu belo aspecto, nem pela sua alta estatura, porque eu o rejeitei. O que o homem vê não é o que importa: o homem vê a face, mas o Senhor olha o coração". Jessé fez passar, diante do profeta, seus sete filhos, mas nenhum deles era o escolhido. Restava ainda o mais novo, que estava pastoreando as ovelhas. Era Davi. Samuel ordenou: "Manda buscá-lo, pois não nos poremos à mesa, antes que ele esteja aqui". E Jessé mandou buscá-lo. Ele era louro, de belos olhos e de formosa aparência. O Senhor disse: "Vamos, unge-o: é ele". Samuel ungiu-o no meio dos seus irmãos. E, a partir daquele momento, o Espírito do Senhor apoderou-se de Davi (1Sm 16,1-13).

Davi, de pastor de ovelhas, tornou-se rei de Israel. Ele tinha boa aparência, mas seu coração era ainda mais belo. O Senhor o conhecia profundamente. Assim acontece com você. Não importa se seu exterior é bonito ou não. Deus ama você infinitamente. Ele sonda seu interior. Se ele for puro, santo, cheio de amor, vai ser um reflexo do amor daquele que o criou. Não permita que o mundo envernize sua vida, escondendo aquilo que você tem por dentro. Uma maçã envernizada pode até atrair os olhares, mas não vai dar sabor à vida de ninguém. Creia em Jesus, e a transformação acontecerá em você, de dentro para fora, pois o Senhor diz: "Quem crê em mim, como diz a Escritura: do seu interior manarão rios de água viva" (Jo 7,38).

Mãe de leite

O Concílio Vaticano II, dentre tantos assuntos importantes, publicou um decreto sobre o ecumenismo chamado *Unitatis Redintegratio*, que trata da unidade entre os cristãos. Logo na introdução, o Papa Paulo VI e os Padres Conciliares assim se expressaram: "A reintegração da unidade entre todos os cristãos é um dos objetivos principais do Sagrado Sínodo Ecumênico Vaticano II. O Cristo Senhor fundou uma só e única Igreja.

Todavia, muitas comunhões cristãs se apresentam aos homens como sendo a herança verdadeira de Jesus Cristo. Todos, na verdade, se professam discípulos do Senhor, mas têm pareceres diversos e andam por caminhos diferentes, como se o próprio Cristo estivesse dividido. Essa divisão, sem dúvida, contradiz abertamente a vontade de Cristo e se constitui em escândalo para o mundo, como também prejudica a santíssima causa da pregação do Evangelho a toda criatura" (*UR*, nº 1).

Dois anos depois do encerramento desse grande evento da Igreja Católica, numa manhã fria de sábado, mês de junho, eu nascia numa pequena cidade do interior do estado de São Paulo.

Minha mãe, muito jovem, católica e devota de Nossa Senhora Aparecida, era muito amiga de Belarmina, sua vizinha evangélica. Todas as tardes, sentavam-se em frente às casas e conversavam sobre os principais acontecimentos da cidade, além de partilharem a fé. Tiveram seus filhos quase na mesma semana, como se tivessem combinado previamente. Belarmina deu à luz Ismael. Conceição acolheu seu primeiro filho. Minha mãe, no entanto, não produzia leite, e eu chorava de fome. A vizinha amiga já sabia dessa situação. Logo que escutou meu primeiro choro, correu até a casa onde morávamos: "Conceição, não se preocupe. Se você quiser, eu posso dar de mamar para meu filho e para o seu. Tenho muito leite". Minha mãe ficou feliz e mais calma. Aceitou a generosidade de Belarmina e me entregou para ser amamentado.

Com o passar dos anos, a amizade entre as mães refletiu na relação entre os filhos. Eu e Ismael brincávamos juntos na rua, jogávamos futebol e soltávamos pipa. Ele, evangélico. Eu, católico. Convivíamos de mãos estendidas um para o outro. Sempre o respeitei e fui respeitado. Afinal, durante os primeiros meses de minha vida, meu único alimento foi o leite de uma mãe evangélica.

Sem saber, Belarmina alimentou um futuro sacerdote. Pensar nessa história me traz conforto para a alma. É possível viver a unidade na diversidade: o diferente enriquece. Leva a viver, profundamente e com mais maturidade, a fé.

No último mês do ano, Jesus nasce novamente. Ele é o Emanuel, o Salvador de todos os homens e mulheres. Que todos busquem o amor acima de tudo no Natal. Que todos sejam um, para que o mundo creia (cf. Jo 17,21), já que "a relação com os irmãos e irmãs batizados de outras Igrejas e comunidades eclesiais é um caminho irrenunciável para o discípulo e missionário, pois a falta de unidade representa um escândalo, um pecado e um atraso do cumprimento do desejo de Cristo" (*Documento de Aparecida*, nº 227).

Minha filha me levou a Jesus

A cidade mineira de Araxá, situada na região do Alto Paranaíba, MG, acolheu-me de braços abertos. Fui participar de um evento, organizado pela paróquia Sagrada Família. Foram seis horas de carro até chegar à "terra onde primeiro se avista o Sol", significado da palavra "araxá", na língua Tupi.

Durante dois dias, visitei alguns lugares turísticos: o museu de arte sacra da igreja de São Sebastião, as fábricas de doces e o Complexo do Barreiro, uma das mais importantes atrações turísticas de Minas Gerais, a maior de Araxá.

O complexo tem fama nacional pelo fabuloso poder medicinal de suas águas e lama.

Cheguei bem cedinho para conhecer o Grande Hotel, situado dentro do complexo do Barreiro, construído pelo presidente Getúlio Vargas, na década de 1930. Impressionou-me a beleza e a arquitetura do edifício, além das piscinas para banhos nas águas minerais.

Ao sair do hotel, caminhei ao redor das lagoas, observando os patos que brincavam nas águas verde-escuras. Vi um homem sentado debaixo de uma paineira. Parei perto dele. Perguntou-me se eu morava em Araxá ou se eu era turista. Respondi-lhe que era padre e que estava visitando a cidade. Com os olhos cheios de lágrimas, começou a falar de sua filha: "Aconteceu uma bênção na minha vida, padre. A minha filha me levou a Jesus. Eu era um homem que bebia muito, passava horas nos bares. Estava afastado de Deus, das missas, de tudo".

"A sua filha participava da Igreja, do grupo de jovens e foi convidando você para ir também? Que testemunho bonito!", eu disse.

O homem sorriu.

"Não, padre. Pelo contrário, minha filha vai à igreja agora. Ela estava mergulhada no mundo das drogas. Não havia mais solução para sua vida. Foi então que comecei a ir, todos os dias, diante do sacrário, para falar com Jesus. Pedia socorro, chorava, implorava a misericórdia. Assim, fui me aproximando de Deus. Rezava o terço todos os dias. Não faltava às missas. Até que um dia olhei para o fundo da igreja e vi minha filha entrando. Ela me abraçou, pediu perdão e ajuda para se livrar das drogas. Graças a Deus, alcançamos a vitória. Hoje, ela está livre do vício e eu, mais perto de Jesus."

Aquele encontro inesperado me encheu de alegria e esperança. Conversei cerca de uma hora com aquele homem. Do seu semblante, irradiava uma luz divina. Ao me despedir, ouvi uma frase da qual nunca mais vou me esquecer:

"Padre, não se esqueça do que vou lhe dizer: as palavras 'impossível', 'incurável', 'sem solução' não existem no dicionário de Jesus".

Nas águas dos rios da vida

"Ai de mim, se eu não anunciar o Evangelho!" (1Cor 9,16). Esse foi o lema do XIV Congresso Missionário Jovem realizado na cidade de Barreirinha, Amazonas, em outubro de 2010.

Fui convidado a participar desse encontro de irmãos, organizado pelos padres do Pontifício Instituto das Missões Exteriores (Pime), que trabalham na paróquia Nossa Senhora do Bom Socorro, diocese de Parintins. De Parintins a Barreirinha foram duas horas de barco. Os rios estavam baixos pela falta de chuva. Ao chegar à cidade, fui acolhido com muito carinho pelos Padres Pedro Belcredi e Emilio Buttelli, do Pime. Os padres italianos chegaram à região do baixo Amazonas em 1948. O território é coberto de águas e florestas. O maior obstáculo ao trabalho missionário é a comunicação fluvial, que é feita por barcos a motor e canoas.

Desde o começo, os padres dedicaram-se às visitas itinerantes ao longo das dezenas de rios, em cujas margens viviam os índios. As missões tinham a dupla finalidade de dar assistência espiritual e transformar as centenas de famílias, espalhadas e abandonadas, em comunidades e povoados cristãos. Há quarenta anos, as cidades de Parintins,

Barreirinha, Maués, Nhamundá e Boa Vista do Ramos, hoje com milhares de moradores, eram apenas povoados.

O congresso de Barreirinha reuniu mais de mil jovens. A maioria veio das comunidades assistidas pelos missionários, espalhadas pelas margens dos rios da região. Jovens alegres, solidários, mas que sofrem as consequências do mundo globalizado, são desafiados cotidianamente pelas drogas, prostituição e falta de melhores condições de vida. Apesar das dificuldades, muitos demonstraram esperança em relação ao futuro: "Moro muito longe de Manaus. Mas sinto que posso fazer muita coisa boa aqui na minha comunidade.", disse Henrique, do povoado Caranã.

A ação missionária da Igreja fecunda o coração da juventude daquelas terras. Os padres do Pime e da diocese mantêm acesas a chama da fé e da esperança do povo por uma "terra sem males": "Estou aqui há quatorze anos. Sou feliz. Deixei a Itália, passei dezoito anos na África e agora estou em Barreirinha. A gente navega para lá, para cá, nestes rios, mas vale a pena. Não existe nada mais valioso que o sorriso dos jovens e das crianças. Isto é vida", partilhou Padre Pedro, com os olhos cheios de lágrimas.

Depois de conviver com os amazonenses naquele final de semana, voltei para casa mais enriquecido. Percebi que Jesus está vivo e presente naquela região indígena e cabocla. Que tenhamos, também, como os padres do Pime, o ardor missionário, ajudando crianças, jovens e adultos a navegarem em águas mais profundas.

Natal sem Alice

Quando fecho os olhos e penso na minha infância, lembro-me de uma pessoa que foi importante para minha formação: Alice, mãe de meu pai. Muito religiosa, adorava contar histórias. Na época de Natal, eu a ajudava a montar o presépio. Alice explicava cada detalhe e ainda achava tempo para alegrar meu coração de criança.

Nunca me esqueci da história das três árvores:

Havia, no alto de uma montanha, três pequenas árvores que sonhavam com o que iriam ser quando grandes. A primeira, olhando as estrelas, disse: "Quero ser o baú mais precioso do mundo, cheio de tesouros". A segunda olhou para o riacho e suspirou: "Eu quero ser um grande navio para transportar reis e rainhas". A terceira árvore olhou o vale e disse: "Eu quero ficar aqui, no alto da montanha, crescer muito e chegar perto de Deus".

Muitos anos se passaram. Certo dia, vieram lenhadores e cortaram as três árvores. Ansiosas, pensaram que chegara o momento da realização de seus sonhos. Mas a primeira árvore acabou sendo transformada numa manjedoura; a segunda virou um simples e pequeno barco de pesca; a terceira, mesmo sonhando em ficar no alto da montanha, acabou cortada em vigas e colocada em um depósito. Elas ficaram desiludidas e tristes.

Mas, numa noite, cheia de luz e de estrelas, onde havia mil melodias no ar, uma jovem mulher colocou seu nenê recém-nascido naquele cocho de animais. De repente, a primeira árvore percebeu que abrigava o maior tesouro do mundo: o Menino Jesus. A segunda árvore, anos mais tarde, transportava um jovem e seus amigos. De repente, veio uma tempestade e quase afundou o pequeno barco. O jovem se levantou e disse: "paz". Num relance, a segunda árvore entendeu que estava carregando o Rei dos céus e da Terra. Tempos mais tarde, numa sexta-feira, a terceira árvore espantou-se quando suas vigas foram unidas em forma de cruz e alguém foi pregado nela. Sentiu-se horrível e cruel. Mas, no domingo, o mundo vibrou de alegria. Então, a terceira árvore entendeu que nela havia sido pregado o Salvador da humanidade.

As árvores haviam tido sonhos... Mas as suas realizações foram mil vezes melhores e mais sábias do que haviam imaginado.

Este será o primeiro Natal que passarei sem poder dar aquele abraço apertado na minha Alice. Em junho de 2009, ela foi morar acima das estrelas. Sinto saudade. Creio que um dia irei abraçá-la no céu. Ela já deve ter ouvido muitas histórias bonitas e vai contá-las para mim quando estivermos juntos outra vez, na eternidade.

No campo das estrelas

Conhecer Santiago de Compostela foi, para mim, uma experiência maravilhosa. Saí do Brasil com doze pessoas, no final de janeiro, para fazer uma peregrinação à Europa. Passei por Lisboa, Porto, Coimbra. Deixando Portugal, fui para Santiago de Compostela, na Espanha.

Quase fiquei congelado, pois o frio era insuportável. O vento parecia querer arrancar meus cabelos. Mas o calor da emoção empurrava-me rumo ao santuário milenar onde está o corpo do Apóstolo Tiago, pescador de peixes no Mar da Galileia, em Israel, e pescador de homens naquelas terras do oeste espanhol.

A história deste lugar remete-nos aos primeiros anos do cristianismo. No santuário está o corpo de São Tiago, encontrado ali cerca de mil anos atrás.

Tiago foi para a região logo depois da morte de Cristo. Queria converter os moradores à religião que estava nascendo.

Tiago morou nesse local por algum tempo. Formou ali uma comunidade fervorosa. Voltou, então, à Palestina, onde foi preso e decapitado. Seu corpo foi jogado fora dos muros de Jerusalém.

Dois de seus auxiliares, Teodoro e Atanásio, recolheram seus restos mortais, colocaram num barco e os levaram para a Espanha, onde os sepultaram. No início, seu túmulo era muito visitado. Com o passar do tempo, o lugar foi esquecido.

Oito séculos depois, um religioso chamado Pelágio, que morava na região, observou um fenômeno que acontecia todas as noites. Uma chuva de estrelas caía sobre determinado ponto do bosque, irradiando uma luminosidade intensa. Pelágio relatou o fato ao bispo. Cavaram o lugar onde as estrelas caíam e encontraram o corpo de São Tiago.

A notícia se espalhou rapidamente. Milhares de pessoas de toda a Europa saíam de suas cidades e iam ao encontro do famoso santo católico. Assim, iniciou-se a peregrinação ao Santuário de São Tiago do Campo das Estrelas ou, em espanhol, Santiago de Compostela.

No mês de agosto, dedicado à Palavra de Deus, podemos conhecer a história dos primeiros cristãos que, como São Tiago, obedeceram à ordem de Jesus: proclamar o Evangelho até os confins da terra. Precisamos ser estrelas para iluminar as noites escuras daqueles que estão ao nosso redor.

Somos peregrinos neste mundo. Experimentamos o profundo amor de Deus por nós. Portanto, alegremo-nos. Enchamos nossa vida de esperança para que a sociedade em que vivemos transforme-se num campo de estrelas onde reina a paz, a justiça, a solidariedade e a fraternidade.

No coração da Amazônia

O sol estava muito quente quando saí de casa. Não era um passeio, mas uma viagem missionária. Voaria mais de três mil quilômetros para chegar a Maués, Diocese de Parintins (AM). A Rodovia Fernão Dias, que liga Belo Horizonte a São Paulo, estava movimentada. Precisava chegar antes das nove da noite na capital paulista para pegar o meu voo. Enfrentei longa fila no aeroporto, despachei as malas e logo o avião decolou. Eram 22h30, uma quinta--feira. De São Paulo a Manaus foram quatro horas.

No dia seguinte, por volta do meio-dia, eu já estava a bordo de um bandeirante de uma empresa local. Era um avião pequeno, com doze lugares. O calor estava insuportável. Os passageiros podiam se sentar onde quisessem. Ocupei um dos últimos lugares. O piloto, um homem gordo e muito brincalhão, começou a dizer: "Bem, pessoal. Hoje vocês poderão realizar dois sonhos: sobrevoar a Amazônia e ser comissários de bordo. Ali, no fundo do avião, coloquei uma caixa de isopor com sanduíches, água e refrigerantes. Fiquem à vontade e… boa viagem". A floresta amazônica e seus rios imensos geraram medo e emoção em mim. Que maravilha aquela visão acima das nuvens. De vez em quando o avião dava uma chacoalhada, e eu segurava no encosto do banco. Não demorou para o rio Maués-Açu aparecer pela janela. Suas águas escuras ofuscavam os olhos. Logo pisei em terra firme.

O município de Maués fica em pleno coração da Amazônia brasileira. Localiza-se na parte leste do estado do Amazonas. O nome "Maués" é de origem Tupi: *Mau* significa curioso, inteligente, abelhudo. *Ueu* é uma ave da espécie dos papagaios. Portanto, Maué significa "papagaio curioso e inteligente". Um táxi me levou até a casa paroquial. Era uma casa grande, com uma fechadura engraçada: precisava dar sete voltas na chave para abri-la. Fui acolhido pelos Padres Edson e Henrique, um missionário italiano que vive na região há mais de quarenta anos.

Após um banho de água fria, sentei-me numa cadeira confortável num dos corredores da casa. Ao meu lado estava Padre Henrique. Contou-me muitas coisas interessantes. Quando chegara tudo era diferente. Veio para evangelizar as comunidades indígenas que viviam às margens dos rios da região. Havia, na época, muita fartura, muita comida: "Hoje, as tribos estão sofrendo demais. Muitas madeireiras vieram explorar a região. É uma tristeza ver essa situação sem poder fazer quase nada. Os que saem para caçar ficam três ou quatro dias procurando por alimento no meio da floresta. Quantas vezes voltam com um animal pequeno, um tatu ou uma paca! Dá até pena. Eles cozinham o bicho, numa panela, com muita água e algumas raízes. Toda a comunidade se reúne para comer". Padre Henrique conta que a fome é a maior tristeza na vida de um índio. Se a comunidade tem comida, tudo é festa. Não há tanta preocupação com dinheiro, bens materiais ou coisas parecidas.

O importante é viver cada momento, com muita intensidade, em perfeita comunhão com a natureza.

Os olhos do Padre Henrique ficaram avermelhados ao contar as dificuldades vividas no seu trabalho, como ficar horas remando nos rios para chegar às aldeias. Rezava para não se perder nos igarapés. Era muito difícil chegar ao encontro dos indígenas. Galhos secos caíam das árvores. Muitas vezes precisava cortá-los com o machado para prosseguir viagem. "Dava medo ver os jacarés que me olhavam espantados e as cobras penduradas nas árvores", contou ele. Depois de ouvir as histórias de Padre Henrique durante duas horas, despedi-me. Fui dormir, admirado com a coragem do missionário.

Fiquei na cidade dez dias. Participei da novena do padroeiro, o Divino Espírito Santo, do Círio Fluvial e da Folia do Divino. Comi beiju, tucumã, tambaqui, açaí, tatu e tracajá com legumes. Nadei nos rios, observado, ao longe, pelos botos. Convivi com um povo alegre, sereno e cheio de fé.

Antes de voltar para casa, ganhei uma muda de guaraná para plantar no meu quintal e nunca me esquecer daquela missão. No aeroporto de Manaus, entrei na sala de embarque. Segurava as malas na mão direita e, com todo o cuidado, a planta na esquerda. Um funcionário da empresa aérea me abordou: "O senhor não pode entrar no avião com isto". Expliquei-lhe sobre minha viagem no coração da Amazônia e como aquele presente era importante para mim. Mas não adiantou. "Que vou fazer com ela?", perguntei-lhe. "Sei lá. Jogue-a num cesto de lixo ali fora", respondeu-me. Uma tristeza imensa invadiu-me.

Afastei-me. Cheguei à caixa de uma lanchonete do aeroporto e lhe ofereci a muda do guaraná. A moça aceitou. Fiquei sem a planta, mas logo entendi que havia voltado à minha realidade. Todavia, meu coração pulsava, já com saudade do povo amazonense.

O abraço de Deus

Noite de sexta-feira, igreja matriz de Casa Branca. O frio era intenso. O vento assobiava ao tocar nas paredes e nos vitrais.

Cheguei para presidir a missa. Vesti os paramentos e fui acolher as pessoas. Fiquei surpreso com o que vi: apenas cinco senhoras estavam no primeiro banco, do lado esquerdo. O frio e o vento haviam espantado os fiéis. A equipe de liturgia não havia ido. Os cantores do coral ficaram em casa.

Aproximei-me das mulheres e pedi para me ajudarem na celebração. "A senhora pode fazer a primeira leitura?", perguntei à mulher que estava na ponta do banco. "Esqueci meus óculos, padre", disse, puxando o cachecol. "Então, a senhora faz, dona Júlia?", perguntei à outra. "Ah, padre, peça para a Isabel. Eu fico tremendo de medo só em pensar em ler a Bíblia na missa", falou, abaixando a cabeça.

Ninguém quis participar da Liturgia da Palavra.

Incentivei-as a animar a missa, cantando músicas conhecidas. Elas colocaram mil obstáculos. O meu coração ficou mais gelado do que a temperatura daquele inverno. Eu teria que fazer tudo sozinho: rezar, proclamar os textos bíblicos, pregar, cantar, animar. Assim, continuei rezando, apesar de sentir a tristeza apertando o meu peito.

Depois da oração do Pai-Nosso, chegou o momento da paz. Geralmente, durante a semana, não se dá o abraço da paz.

Mas, naquela noite, algo me dizia que era para abraçar as cinco senhoras. Coloquei em prática minha voz interior. Abracei uma a uma, demorada e intensamente. E a missa prosseguiu até a bênção final.

Saí do presbitério e me dirigi à sacristia. Deparei-me com dona Júlia. Suas lágrimas escorriam pelo rosto. "Aconteceu alguma coisa, dona Júlia? Por que a senhora está chorando?", perguntei, assustado. Ela me deu um sorriso largo e partilhou algo que jamais me esquecerei: "Essa missa, padre, foi a mais linda de que eu participei até hoje. Sou muito tímida. Aos domingos, quando venho à igreja, fico sentada bem lá no fundo, nos últimos bancos. Eu sempre sonhei receber um abraço do padre na hora da paz. O senhor geralmente cumprimenta as pessoas sentadas nos primeiros bancos. Mas, nesta noite, o senhor me abraçou e me desejou a paz de Cristo. Estou me sentindo a mulher mais feliz do mundo! Obrigada por me dar esse presente".

Naquele instante, percebi que Deus fez maravilhas, apesar das minhas limitações e fraquezas. Voltei para casa, entusiasmado, abraçado por Jesus Cristo. E comigo mesmo pensava: "Todos nós fomos presenteados por Deus Pai pelo dom da vida. Contudo, por seu Filho, Jesus Cristo, e pelo poder do Espírito Santo, Ele semeou muitos outros dons em nós".

Precisamos aprender que somos apenas servos de Deus, como nos ensina São Paulo: "Eu plantei, Apolo regou, mas Deus é quem fez crescer. Assim, nem o que planta é alguma coisa nem o que rega, mas só Deus, que faz crescer" (1Cor 3,6-7). Se lançarmos as sementes do Reino de Deus no coração das pessoas, o Senhor vai fazer as sementes brotarem, crescerem e produzirem frutos abundantes.

Semear o amor: eis nossa maior vocação!

O beijo de Jesus

"Preciso de gente que cure feridas,
que saiba escutar, acolher, visitar.
Eu quero uma Igreja em constante saída,
de portas abertas, sem medo de amar."
(Estrofe do hino da Campanha da Fraternidade de 2015)

    O casamento estava marcado para as vinte e uma horas. Sábado. Novembro. Depois de um dia de muito trabalho na comunidade, cheguei à casa paroquial. Descansei um pouco, tomei um copo de leite e fui me preparar para a cerimônia. Em seguida, desci para a igreja matriz.

    Ao chegar à sacristia, cumprimentei os casais que me ajudariam naquela noite. Vesti a túnica, a estola e a casula branca e me dirigi para a sala, ao lado do presbitério. A cerimônia teve início. Houve a entrada dos padrinhos, do noivo e da florista. A noiva estava na porta principal, fazendo as últimas fotos. Nesse instante, vejo um mendigo vindo ao meu encontro. Estava com as roupas sujas, de chinelos velhos e com um cheiro muito forte, talvez por estar sem banho há dias. Aproximou-se, abriu um sorriso e me perguntou: "Padre, posso lhe dar um abraço?". Um dos meus ajudantes segurou em seus braços e interveio: "Deixa o padre quieto. Ele vai celebrar o casamento e a noiva já está entrando". Mas eu deixei que me abraçasse. Em seguida, o homem me falou: "Posso também lhe dar um beijo? Eu gosto muito do senhor. Às vezes, venho na missa e fico lá no fundo, escondidinho, prestando atenção nas suas palavras".

Meu coração acelerou e meus olhos se encheram de lágrimas. Senti, naquele instante, como que num relance, o próprio Jesus me abraçando e me beijando. A noiva estava quase no meio do corredor. Toquei em seus ombros e perguntei: "Você já comeu alguma coisa, agora à noite?". Ele respondeu: "Sim, padre. Pedi comida numa casa e uma mulher me deu arroz, feijão e carne de panela. Está tudo bem". Fiz então o sinal da cruz em sua testa e entrei para presidir a celebração.

Os padrinhos, ao redor do altar, estavam bem vestidos e perfumados. Eu, naquele momento, estava com "o cheiro das ovelhas", como tem pedido o Papa Francisco a nós, presbíteros. Estava feliz, vendo a felicidade dos noivos, mas muito mais feliz por ter recebido a visita do próprio Jesus naquele irmão, minutos antes.

A Campanha da Fraternidade de 2015 teve como tema "Fraternidade: Igreja e Sociedade" e lema "Eu vim para servir". O bispo-auxiliar de Brasília e secretário-geral da CNBB, Dom Leonardo Ulrich Steiner, na apresentação do texto-base da campanha, recordou: "O filho do homem não veio para ser servido, mas para servir e dar a vida em resgate por muitos" (Mc 10,45). A Campanha da Fraternidade, então, tornou-se uma oportunidade de retomarmos os ensinamentos do Concílio Vaticano II. Ensinamentos que nos levam a ser uma Igreja atuante, participativa, consoladora, misericordiosa e samaritana.

Que a preparação para a Páscoa, em todos os anos, faça os cristãos se comprometerem com o Reino de Deus, no amor e no serviço aos que mais sofrem. Muitas pessoas ainda não conhecem o amor de Deus. Quem crê em Jesus Cristo é responsável pelo anúncio da esperança, traduzido em gestos concretos de solidariedade, como tem pedido, insistentemente, o Papa Francisco.

O bilhete do metrô

Naquele tempo, disse Jesus a seus discípulos: "Como meu Pai me amou, assim também eu vos amei. Permanecei no meu amor. Se guardardes os meus mandamentos, permanecereis no meu amor, assim como eu guardei os mandamentos do meu Pai e permaneço no seu amor. Eu vos disse isto, para que a minha alegria esteja em vós e a vossa alegria seja plena" (Jo 15,9-11).

Quem está em comunhão com Jesus experimenta a verdadeira alegria, caminha na paz e na esperança. Apesar dos sofrimentos, sabe dar um sorriso a quem está triste, estende as mãos àquele que está caído à beira da estrada, enxuga as lágrimas dos que choram. Se mantivermos um sorriso nos lábios e o louvor no coração, estaremos no colo do Bom Pastor.

Numa segunda-feira, levantei de madrugada e viajei para São Paulo. O silêncio no ônibus ajudou-me a dormir e a descansar mais um pouco. Cheguei à rodoviária do Tietê por volta das cinco da manhã. Dali, tomaria o metrô até a estação Jabaquara, onde um ônibus me levaria a Santos para participar de um evento. O relógio corria mais rápido que o normal. Não poderia me atrasar de modo algum. Caminhava apressado. De repente, senti um frio na barriga.

A fila da compra dos bilhetes do metrô estava enorme. Nunca tinha visto tanta gente ali, como naquela manhã. Vieram em minha mente alguns pensamentos: "Não vai dar tempo"; "Estou perdido"... Lembrei-me, então, de São Francisco, que dizia: "Contra todas as maquinações e ardis do inimigo, a minha melhor defesa continua a ser o espírito da alegria. O diabo nunca fica tão contente como quando consegue arrebatar a alegria da alma de um servo de Deus. Ele tem, sempre, uma reserva de poeira que sopra na consciência por qualquer orifício para tornar opaco o que é límpido; mas, em vão, tenta introduzir o seu veneno mortal num coração repleto de alegria".

Comecei a louvar e a agradecer a Jesus pela minha vida, por aquele momento, fazendo a alegria dissipar as preocupações que sufocavam minha alma. Poucos minutos depois, um homem se aproximou: "Você não é o Padre Agnaldo José?". Olhei assustado: "sim". Ele respondeu com entusiasmo: "Participei de uma missa que você celebrou em Caçapava, interior de São Paulo, no carnaval. Pegue este bilhete do metrô. A fila está muito grande". Agradeci e seguimos juntos para a estação de trem. Deu tudo certo. Cheguei a Santos no horário combinado.

Se você anda triste, desanimado, aproxime-se de Jesus. Louve-o. Agradeça-lhe por tudo. Não deixe a desesperança dominar seu interior. Jesus nunca vai abandonar você.

O burrinho e os balaios

"Só acreditando é que a fé cresce e se revigora; não há outra possibilidade de adquirir certeza sobre a própria vida, senão abandonar-se progressivamente nas mãos de um amor que se experimenta cada vez maior porque tem a sua origem em Deus." (Bento XVI, *Porta Fidei*, n. 7)

Cruzei a linha por onde passam os trens de carga da região nordeste do estado de São Paulo, em direção ao porto de Santos. Dona Maria, 75 anos, mulata, de chinelos nos pés e sorriso nos lábios, acenou-me em frente ao portão de bambu: "Que bom que você veio, padre". "Obrigado pelo convite, dona Maria. Uma das coisas de que gosto é tomar um café preparado por mãos mineiras", respondi. Ela me abraçou demoradamente.

Dona Maria, quando criança, morava em Brazópolis, no sul de Minas Gerais. Tem uma memória de ouro! Dentre tantas curiosidades que me contou, uma me fez chorar: "A gente sofre muito nesta vida, padre. Quando eu tinha 5 anos, lá na roça, passávamos dificuldades. Meu pai trabalhava de dia para comer à noite. Quando ele voltava para casa, ficava quase sempre calado".

De repente, notei que seu rosto mudara de feição. A tristeza tornara-se visível. "Um dia", continuou ela, "cheguei da escola logo após o almoço. Estava com muita fome. Deixei o embornal em cima da máquina de costura e fui direto para a cozinha. Minha mãe estava chorando, com as mãos no rosto. Meu pai havia nos deixado... não sabia o porquê."

Apertei suas mãos. Ela apertou as minhas. "Não sabia disso, dona Maria", eu disse. O silêncio só foi interrompido quando um galo cantou no quintal. "Mas Deus é maravilhoso com a gente!", exclamou. "Perdemos um pai, porque ele nunca mais voltou, mas ganhamos outro: nosso avô, Manoel Felício, pai da minha mãe. Ele foi nos consolar e passou a nos tratar como seus filhos. Meu avô-pai era muito religioso. Não faltava na missa nem que chovesse canivete", contou, enquanto ria.

"Tenho vivas em minha memória as manhãs de domingo. O sítio onde morávamos ficava a mais ou menos oito quilômetros da cidadezinha. Ele ia até o quarto, quando ainda estava escuro, e chamava a gente, um por um, com um beijo no rosto. Minha mãe coava o café e fervia o leite, enquanto meu avô arreava o burro, amarrando nele dois balaios, um de cada lado. Depois, colocava a gente nos balaios. Eu ia dentro de um com meu irmãozinho mais novo; no outro, minhas duas irmãzinhas. Vô Manoel ia puxando as rédeas do burrinho até chegar à igreja de São Caetano. Amarrava-o no tronco de uma árvore, na pracinha. Assistíamos à missa igual a anjinhos. Se a gente desse um 'piu', era bronca na certa. Depois da missa, ele nos levava até o padre para nos benzer. Em seguida, ia para a venda, do outro lado da praça, e comprava alguns doces. Logo, estávamos novamente dentro dos balaios, abençoados e felizes. Sinto saudade. Aquela saudade que faz bem ao coração."

Enquanto contava sua história, minha imaginação me levou à Terra Santa, quando José conduzia o burrinho pelo deserto da Judeia, rumo ao templo de Jerusalém. No lombo do animal estava Maria, segurando, nos seus braços, o menino Jesus. Como a Sagrada Família, dona Maria, Manoel Felício e as outras crianças enfrentavam a poeira da estrada pela fé. Por isso não foram vencidos pelo abandono, pois Deus os segurava nos seus braços de Pai.

O cachorro ciumento

Quando o sacristão chega para abrir a porta da igreja, Nino já está lá faz tempo. Deitado no chão, observa o movimento dos carros. Não vê a hora de correr para dentro da matriz.

Ao ouvir o barulho dos trincos, Nino sai ligeiro, balançando o rabo, todo feliz. Rola no carpete do altar e depois deita, esperando a hora da missa. As pessoas entram e são acolhidas pelo cachorro. Ele cheira os pés das velhinhas e brinca com as crianças. Nino é amado pela comunidade. Não tem dono, mas todos cuidam dele. Não mora numa casa, mas recebe carinho e comida por onde passa. Tem pelos brancos com pintas amareladas. Sua raça não é definida, mas, ainda assim, faz pose de quem tem *pedigree*.

Vai à frente da cruz nas procissões. Late, pula e abre alas para a passagem do andor de Nossa Senhora. Nino até já saiu em fotos de casamento! Entretanto, o cachorro fiel sofre de um problema que também atinge muitos humanos: o ciúme. Ele não suporta a presença de outro cão na igreja. Ao avistar outro animal cruzando a porta ou caminhando pelo corredor central, dá um salto, range os dentes e sai atrás do intruso, expulsando-o para bem longe.

Nino me faz pensar na nossa vida comunitária. Muitos católicos são como ele: dedicados, amorosos e acolhedores. São os primeiros a chegar à igreja e os últimos a sair. Vão à frente nas procissões. Visitam os doentes e pagam o dízimo. Alegram o coração de Deus. Mas, como Nino, sentem-se donos da comunidade. Se alguém se aproxima e os ameaça, "rangem os dentes" e "correm atrás das pessoas", expulsando-as para bem longe.

Jesus deve ter grande carinho por Nino, criatura que nasceu das mãos do Pai. Porém, não quer que imitemos seu ciúme e sua ira. Deseja que vivamos como os primeiros cristãos: num só coração e numa só alma. Espera que testemunhemos sua ressurreição, vendo multiplicar a graça de Deus. Quer que sejamos servos uns dos outros e não donos da igreja.

Nino sempre será assim. Enquanto estiver frequentando a igreja, manifestará o mesmo comportamento: ficará deitado ao redor do altar e correrá atrás de outros cães. Nós, contudo, podemos melhorar sempre, pois fomos criados à imagem e semelhança de Deus. Somos seus filhos.

O cachorro e as pulgas

Já conversou com alguma pessoa que não estava atenta às suas palavras? Olhar distante, insônia, cansaço físico, mental e espiritual, vida anestesiada. Tudo isso são sinais de excesso de preocupação. Quando a gente pensa e não encontra forças para agir, é hora de parar e recomeçar.

Vivemos um tempo diferente daquele de nossos pais e de nossos avós. Eles se sentavam em frente à casa, depois do jantar, e conversavam com os vizinhos. Hoje, nem sabemos direito quem são nossos vizinhos. Em muitos casos, eles plantavam e colhiam os próprios alimentos. Agora, vamos ao supermercado. Brincávamos e corríamos na rua, felizes e seguros. Hoje, escondemo-nos atrás das grades, protegidos por câmeras, alarmes e cercas elétricas. Antes, as badaladas dos sinos da igreja eram nosso despertador, convidando-nos para a missa. Atualmente, os enormes e modernos edifícios sufocam as torres das igrejas e emudecem os sinos.

Um dia, Jesus disse aos discípulos para não se preocuparem com a vida, com a comida, com a bebida. Pedia para que olhassem os pássaros dos céus. Eles não plantavam, não colhiam, não guardavam nada em celeiros, mas o Pai os alimentava. Disse-lhes para observarem a beleza dos lírios. Nem o rei Salomão, no auge de sua glória, havia se vestido como um deles. E acrescentou: "Se Deus veste assim a erva do campo, que hoje existe e amanhã é queimada no forno, não fará ele muito mais por vós, gente de pouca fé? Portanto, não vos preocupeis, dizendo: 'Que vamos beber? Como vamos nos vestir?'. Os pagãos é que procuram essas coisas. Vosso Pai, que está nos céus, sabe que precisais de tudo isso. Buscai em primeiro lugar o Reino de Deus e a sua justiça, e todas essas coisas vos serão dadas por acréscimo." (cf. Mt 6,24-34)

O tempo passa, mas nós não nos esquecemos de ensinamentos importantes que recebemos de nossos formadores. Quando seminarista, Dom Dadeus Grings, então bispo da diocese de São João da Boa Vista (SP), hoje arcebispo emérito de Porto Alegre (RS), ao falar das preocupações da vida, certa vez, fez uma metáfora do cachorro e as pulgas: "Quando o cachorro está dentro de sua casinha, parado, pensativo, sem ter o que fazer, fica coçando as pulgas sem parar. Quando seu dono o leva ao bosque para dar um passeio, ele fica tão feliz, tão entretido com as coisas, que até se esquece das pulgas".

Temos nos preocupado além do necessário? Andamos fechados no nosso mundo, em nossa casinha, "coçando as pulgas"? Ou nos ocupamos com as coisas de Deus, com nossos irmãos que sofrem? A nossa vida precisa estar nas mãos de Deus. É fundamental a confiança na Providência Divina. Nada do que nos é necessário vai faltar para nós e nossa família. Somos mais que os pássaros e os lírios. Somos filhos de Deus!

Convido você a rezar esta linda oração: "Providência Santíssima do Eterno, Onipotente e Misericordiosíssimo Deus, que tudo tendes providenciado e providenciareis para o nosso bem. Providenciai em todas as nossas necessidades. Assim creio. Assim espero. Seja sempre feita a Vossa Santíssima Vontade. Amém".

O carona e a semente do perdão

"Naquele tempo, Jesus disse à multidão: 'O Reino de Deus é como quando alguém espalha a semente na terra. Ele vai dormir e acorda, noite e dia, e a semente vai germinando e crescendo, mas ele não sabe como isso acontece. A terra, por si mesma, produz o fruto: primeiro aparecem as folhas, depois vem a espiga e, por fim, os grãos que enchem a espiga. Quando as espigas estão maduras, o homem mete logo a foice, porque o tempo da colheita chegou'." (Mc 4,26-29)

Enquanto caminhava com seus discípulos pela Galileia, Judeia, Samaria, ou mesmo na região dos pagãos, Jesus lançava as sementes do Reino de Deus no coração das pessoas. Se alguém triste se aproximava, recebia a semente da alegria. Se alguém cheio de pecados ia ao seu encontro, retornava com a semente da misericórdia. Se um doente se prostrava diante dele, era tocado pela semente da cura.

Essa mesma missão, Jesus entregou aos discípulos e a cada cristão. Como o mestre, é necessário lançar as sementes do Reino de Deus na vida, no trabalho, na família, na comunidade, no mundo. Como na parábola do agricultor, a tarefa é lançar as sementes. O milagre, do crescimento até à colheita, é realizado pelas mãos de Deus.

Certa vez, eu voltava para casa por volta do meio-dia. Estava saindo de São João da Boa Vista, onde lecionava para os seminaristas de Teologia no seminário da diocese, quando, no trevo, um rapaz acenou, pedindo carona. Senti que deveria parar. Ele abriu a porta e se sentou no banco do passageiro. "Para onde você vai?", perguntei. "Para Mococa", respondeu. "Estou indo para Casa Branca. Até lá está bem para você?", questionei. Casa Branca fica no meio do caminho. Ele me respondeu: "Sim. Depois pego outra carona".

Acelerei o carro e iniciamos a conversa. Percebi que ele estava muito triste. Contou-me que havia brigado com a esposa. O motivo de ir a Mococa era para contar à mãe seu desejo de se divorciar e voltar a morar com ela. Havia decidido que abandonaria tudo, pois não aguentava mais a situação.

Naquele momento, pensei: "Tenho apenas 43 quilômetros para convencê-lo a desistir da ideia". Essa era a distância da viagem. Perguntei sobre a esposa, o tempo do namoro, do noivado, como se conheceram, como foi o dia do casamento. Ele, cabisbaixo, respondia sem entusiasmo. Aconselhei a não abandonar a esposa, e sim perdoá-la. Também não deveria chegar à casa de sua mãe levando um problema tão grande. Deveria se acalmar, pensar melhor, e só então tomar uma decisão.

Os quilômetros foram diminuindo. O trevo de Casa Branca, onde moro, havia chegado. Apertei sua mão: "Deus o abençoe. Dê um abraço na sua mãe. Estarei rezando por você. Espero que consiga logo uma carona para Mococa". Ele sorriu pela primeira vez: "Obrigado, padre. Vou tentar uma carona logo, não para Mococa, mas de volta para minha casa. Minha esposa deve estar desesperada à minha procura. Vou pedir perdão e recomeçar meu casamento".

Foi um dos dias mais felizes de meu ministério sacerdotal. Havia lançado a semente do perdão no coração daquele jovem, e Jesus fizera o milagre.

O cochilo do padre

A cidade paranaense de Jaguariaíva, na região dos Campos Gerais (PR), dispõe de riquezas naturais belíssimas. Por essa razão, possui grande potencial turístico. Águas límpidas e abundantes de rios, riachos, corredeiras e cascatas formam lagos e represas. Desfiladeiros, vales, grutas, lagoas e florestas completam a paisagem da região.

A cidade é protegida e abençoada pelo Senhor Bom Jesus da Pedra Fria, nome relacionado à Sexta-Feira Santa. A "pedra fria" seria uma espécie de referência ao lugar onde Jesus teria se sentado para ser julgado por Herodes, e na qual se pode ver todas as marcas de seu sofrimento.

Em Jaguariaíva, estive na paróquia do Senhor Bom Jesus participando de um evento organizado pelo Padre Genésio Bertinatti e pela prefeitura municipal. Celebrei a missa e fiz um *show* de evangelização na praça. Recebi, na ocasião, o carinho daquele povo de Deus, gente fervorosa e acolhedora. Padre Genésio vive em Jaguariaíva há alguns anos. É muito querido por todos. Pessoa simples, alegre, gosta de contar e ouvir histórias.

Durante o jantar na casa paroquial, após o evento, Padre Genésio pediu para um amigo da comunidade me contar a história de seu pequeno cochilo à beira da estrada.

O rapaz começou: "Em uma viagem, voltando de Curitiba, Padre Genésio percebeu que estava com muito sono. Eram por volta das 13 horas, e ele estava passando por Ponta Grossa. Parou o carro perto de um restaurante, debaixo de uma árvore, para cochilar um pouco. Acordou com alguém batendo no vidro do carro. Era um policial: 'Está tudo bem com o senhor?'. 'Sim', respondeu o padre. 'Parei aqui para cochilar um pouquinho. Obrigado'. A dona do restaurante, preocupada, havia chamado a polícia, pois o carro do padre estava parado, naquele lugar, por mais de seis horas". Rimos muito. Padre Genésio, mais ainda.

Na despedida, Padre Genésio voltou ao assunto do cochilo, lembrando as palavras do apóstolo São Paulo: "Já é hora de despertardes do sono. Agora, a salvação está mais perto de nós do que quando abraçamos a fé. A noite está quase passando, o dia vem chegando: abandonemos as obras das trevas e vistamos as armas da luz" (Rm 13,11-12). Então, concluiu: "Não podemos cochilar na nossa caminhada espiritual, pois não sabemos a hora em que Jesus vai passar pela última vez em nossa vida".

O construtor de pontes

No primeiro dia do mês de maio, Dia do Trabalho, é celebrada a festa de São José Operário, instituída pelo Papa Pio XII, em 1955. Para homenagear os trabalhadores e o Carpinteiro de Nazaré, vou lhe contar uma história que aprendi de meu tio, Elias, pedreiro e carpinteiro, irmão de meu pai. Hoje, ele mora no céu, mas nunca me esqueci das coisas lindas que me ensinou. Eu era, ainda, adolescente e ajudava-o nas férias da escola.

"Certa vez, um fazendeiro deixou muitas terras como herança para seus dois filhos. Eles aprenderam, desde crianças, que o amor e a amizade eram as coisas mais importantes da vida. Depois da morte do pai, repartiram a fazenda em duas partes. Um rio dividia as terras de um e de outro. Os dois irmãos se amavam, conversavam todos os dias, trocando informações sobre preços dos produtos. A paz reinava naquele lugar. Até que uma discussão pôs fim à harmonia de anos de convivência. Ficaram inimigos e não se falavam mais. Numa manhã, apareceu um carpinteiro na fazenda do irmão mais velho, pedindo emprego. Ele, então, mandou-o construir uma cerca, às margens do rio, pois nunca mais queria ver ou conversar com seu irmão. 'Vou para a cidade fazer compras. Ao voltar, eu pago seu serviço', falou. Voltando, à tarde, aquele homem teve uma surpresa que o deixou furioso: o carpinteiro havia construído uma ponte sobre o rio, ligando as duas partes da antiga fazenda. De repente, levantou a cabeça e avistou seu irmão vindo ao seu encontro, caminhando sobre a ponte. Este se aproximou, abriu os braços e lhe falou: 'Esperei tanto por este momento, meu irmão. Você sabe que o amo muito. Se eu o magoei, perdoe-me'. Lágrimas corriam no rosto de ambos. Aquele abraço foi curando as feridas. A alegria e a paz encontraram, novamente, abrigo na fazenda, antes dividida, agora unida por uma ponte. Então, o irmão mais velho olhou para o carpinteiro e ofereceu-lhe emprego fixo. Pagaria ótimo salário. Daria grande recompensa por ter unido a família. O carpinteiro, porém, respondeu-lhe: 'Não posso aceitar seu convite. Existem muitas pontes para serem construídas, e essa é minha missão'."

Perdoar quem fere é um caminho árduo a ser percorrido. Seja na comunidade, na família ou no ambiente de trabalho. O ser humano, instintivamente, é vingativo. Se alguém pisa em seu pé, imediatamente, você quer revidar, pisando no dele também. Existem até chavões a esse respeito: "Não tenho sangue de barata"; "Eu sou muito bom... mas, não mexa comigo que a coisa fica feia". Assim, muitos vão levando a vida "aos trancos e barrancos".

Jesus oferece o bálsamo para curar as feridas da sua alma: abençoar os que o maldizem; rezar pelos que o injuriam; oferecer a outra face. E ainda diz: "O que quereis que os homens vos façam, fazei-o também a eles. (...) Amai os vossos inimigos, fazei o bem e emprestai, sem daí esperar nada. E grande será a vossa recompensa e sereis filhos do Altíssimo, porque ele é bom para com os ingratos e os maus" (Lc 6,31.35).

Que Jesus, o Filho do Carpinteiro, ajude você a construir muitas pontes, amando, perdoando e trabalhando por um mundo justo e fraterno.

O jovem do brechó

A porta aberta e a frase "Sejam bem-vindos", impressa em uma faixa azul, manifestam a receptividade do lugar. Em meio às caixas – cheias de roupas – encostadas nas paredes e às prateleiras, que abrigam todo tipo de objeto, como bonecas, um ursinho de pelúcia marrom e um regador amarelo de plástico, Sérgio Murilo recebe seus clientes com alegria, festa, fé e amor, todos os dias, no brechó que leva seu nome. Quanto sofrimento experimenta! Ele possui deficiência física e motora. Mas não desanima: "Deus me sustenta a cada dia. Ele me conduz e me mostra o caminho".

Sérgio Murilo sonha acordado, com os olhos brilhantes de felicidade. Todavia, nem sempre foi assim: ele era uma pessoa revoltada antes de participar da Igreja. "Eu achava que o meu problema era um castigo que Deus tinha me dado. Pensava que Ele não gostava de mim. Mas, depois que comecei a frequentar o grupo de jovens e tive um encontro pessoal com Jesus, tudo ficou diferente. Entendi que Deus não castiga ninguém. Hoje tenho a certeza de que sou amado mais que tudo nesse mundo. Eu coloco os joelhos no chão todos os dias e peço: 'Senhor, você sabe os meus problemas. Me dê força'."

Ele está sempre no brechó, faça frio ou calor, esteja chovendo ou não. É lá que Sérgio Murilo ganha seu sustento.

"Antes de abrir este brechó, eu procurei emprego na cidade inteira. Ninguém me queria por eu ser deficiente. Achavam que eu não tinha capacidade para trabalhar. Graças a Deus, algumas pessoas me ajudaram a abrir esta loja, lugar que eu amo muito. Faz seis anos que estou aqui. Este cômodo é alugado. Não dá muito lucro porque tenho pouca mercadoria. Mas Deus é maravilhoso para mim. Com o que vendo dá para pagar as contas e comprar o que preciso."

O marechal da música sertaneja

Uma estrada de terra, com curvas contornando uma lagoa, foi me distanciando da cidade. Não ouvia mais as buzinas dos carros nem os gritos das crianças, apenas o "som" do silêncio. No alto da chácara encontrei o Marechal, tranquilo e feliz. Uma orquestra de pássaros de mil cores fazia uma sinfonia nas árvores, alegrando o coração de Geraldo Meirelles, 83 anos.

Nascido no interior, foi para a capital paulista ainda pequeno. Conheceu Dom Macedo, bispo-auxiliar na Catedral da Sé e diretor da Rádio Nove de Julho, que o convidou para ajudá-lo. Depois de certo tempo, ofereceu-lhe um programa. Lembrou-se de suas raízes e decidiu inovar, tocando canções que falavam da terra, de tudo que lembrasse o sertão. Apesar do sucesso, era criticado por muitas pessoas. Diziam que ajudava o povo a continuar na ignorância. O programa durou vinte anos, até a rádio ser fechada pelos militares.

Com o tempo, ensinou compositores sertanejos a fazer letras sem muito "nóis vai, nóis vorta", contou, dando gargalhadas. Também lançou novos talentos no programa

"Canta Viola". Ajudou muitas duplas: Belmonte e Amaraí, Chitãozinho e Xororó, dentre outras. Um dia, chegaram ao seu escritório um pai e os filhos cantores. Olhou para os meninos. Pareciam dois passarinhos. Apelidou-os de Chitãozinho e Xororó. Eles passaram a fazer parte da Caravana Canta Viola. Ensinou-lhes muitas coisas: "Eu colocava um lápis na boca de cada um e pedia para pronunciarem várias frases", explicou, enchendo os olhos de lágrimas.

Mesmo sofrendo com o preconceito, animava o povo da cidade e do sertão. O programa Canta Viola foi o primeiro do gênero sertanejo a ter mais de uma hora de duração na televisão brasileira. Por tudo que fazia, recebeu o título de Marechal. Houve um festival na cidade de Santo André para escolherem os melhores radialistas do Brasil. Ganhou o primeiro lugar. O organizador, que se chamava Canelinha, ao lhe entregar o troféu, disse que existiam muitos soldados, sargentos, capitães e generais na música do país, mas marechal só havia um: Geraldo Meirelles.

O tempo passou, e o Marechal voltou para o sertão. Ao lado da esposa, Wilma, dos cinco filhos, vinte e um netos e três bisnetos, quer apenas ouvir o canto dos pássaros e o ponteado de viola. Tudo isso, sem se esquecer de Nossa Senhora Aparecida, sua protetora e mãe. "Acendo uma vela para ela todos os dias. Se eu consegui ser o Marechal e cheguei até aqui, é porque ela esteve ao meu lado em todos os momentos."

O meio do mundo

Sentir-se no meio do mundo é uma experiência inesquecível. Estava sobre a linha do Equador, em Macapá, capital do estado do Amapá, no norte do Brasil. Latitude zero; metade do corpo no hemisfério norte e a outra no hemisfério sul. O calor era intenso, os raios do sol tocavam essa linha imaginária com toda intensidade. "Quanto mais distante do centro do mundo, mais frio", disse-me Elesvam, meu amigo macapaense. E continuou, brincando: "Aqui, o sol nunca dorme!".

Naquele instante de paz, pensei em Deus. Ele nos aquece com seu Amor. Quanto mais perto dele, mais felizes nos sentimos. Quanto mais distantes, mais frio se torna nosso coração.

O Senhor nos quer sempre ao seu lado. Certa vez, "Jesus entrou na sinagoga e ensinava. Achava-se ali um homem que tinha a mão direita seca. Ora, os escribas e os fariseus observavam Jesus para ver se ele curaria no dia de sábado. Eles teriam então pretexto para acusá-lo. Mas Jesus conhecia os pensamentos deles e disse ao homem que tinha a mão seca: 'Levanta-te e põe-te em pé, aqui no meio'. Ele se levantou e ficou em pé." (Lc 6,6-8)

Como Jesus é maravilhoso: "levante-se e vem para o MEIO". Ele não se alegra nos vendo na periferia da fé, na solidão do amor, às margens da estrada da vida, na exclusão de sua misericórdia. Ele nos atrai com a força de sua ressurreição. Incendeia-nos com o fogo de seu Espírito.

Em julho de 2013, o Rio de Janeiro transformou-se na capital mundial da juventude. O Papa Francisco esteve presente, como Jesus naquela sinagoga, chamando todos para o centro, para o meio, para "a linha do Equador". Sua santidade abraçou, em nome de Cristo, os hemisférios norte e sul, os trópicos, os quatro cantos da terra. Conduziu os jovens à fonte que jorra do lado aberto de Jesus, de onde poderão saciar sua sede de esperança.

Elesvam é jovem, como os milhões que se encontraram com o Papa. Ele me levou a outros pontos turísticos de Macapá, como o castelo de São Jorge e a catedral de São José, à orla do rio Amazonas. Tudo é muito contagiante nessa região do nosso Brasil. Entretanto, no marco zero a emoção fica à flor da pele. Nos dias em que lá fiquei, hospedei-me na casa de Dom Pedro Conti, missionário italiano e bispo da diocese de Macapá. Muito gentil e acolhedor, falou sobre as alegrias e desafios daquela gente. No café da manhã que precedeu meu retorno para casa, ainda brinquei com ele: "Dom Pedro, quando o Papa Francisco foi eleito, ele disse que foram escolher o sucessor de Pedro na Argentina, 'no fim do mundo'. Se um dia o senhor for escolhido para ser Papa, poderia dizer palavras semelhantes: 'foram me chamar no meio do mundo'". Ele riu.

Talvez Macapá fique longe de sua cidade para você conhecer o marco zero e abrir seus braços sobre a linha do Equador. Mas você pode abrir os braços agora em direção a Cristo. Ele é o Rei do Universo. Ele é o centro de tudo.

Todas as coisas se orientam para Ele. Sua vida precisa de seu calor divino. Ele é o sol da Justiça que ilumina nossas trevas. Tal qual um farol numa noite sem estrelas, seus raios orientam nossos passos. Deixemo-nos tocar por eles!

O menino e a televisão

Ribeirão Preto, cidade do interior de São Paulo, é a capital brasileira do agronegócio. Nasci naquela região e, na minha infância, sempre acompanhei meus pais e avós à cidade quando iam fazer compras ou passar por algum tratamento médico. Em casa, o rádio vivia ligado nas estações ribeirão-pretanas. Um dos locutores era líder de audiência entre meus familiares: Corauci Neto. Dono de uma voz inconfundível, ele apresentava programas nas rádios da cidade desde 1959.

Fazia tempo que não o ouvia. Até que, viajando pela rodovia Anhanguera, que corta Ribeirão Preto, sintonizei a Rádio CMN. Para minha surpresa e alegria, ouvi a voz do Corauci. Em segundos voltei ao passado, aos tempos de criança. A saudade veio me visitar. Naquele instante, ele começava a narrar a história do menino que queria ser uma televisão. Mantive os olhos abertos ao trânsito e os ouvidos colados no rádio.

Com seu talento e emoção, assim começou:

"Uma professora do ensino básico pediu aos alunos que fizessem uma redação sobre o que gostariam que Deus fizesse por eles. Ao fim da tarde, quando corrigia as redações, leu uma que a deixou muito emocionada. O marido, que naquele momento acabava de entrar, viu-a chorando e perguntou: 'O que aconteceu com você? Por que está triste?'. 'Leia isto. É a redação de um dos meus alunos', ela respondeu, entregando o texto ao marido, que o leu em voz alta: 'Senhor, esta noite peço-te algo especial: transforma-me num televisor. Quero ocupar o lugar dele. Viver como vive a TV da minha casa. Ter um lugar especial para mim e reunir a minha família a minha volta... Ser levado a sério quando falo... Quero ser o centro das atenções e ser escutado sem interrupções nem perguntas. Quero receber o mesmo cuidado especial que a TV recebe quando não funciona. Ter a companhia do meu pai quando ele chega em casa, mesmo quando está cansado. Que minha mãe me procure quando estiver sozinha e aborrecida, em vez de me ignorar. E, ainda, que os meus irmãos lutem para estar comigo... Quero sentir que a minha família deixa tudo de lado, de vez em quando, para passar alguns momentos comigo. E, por fim, faz com que eu possa divertir a todos. Senhor, não te peço muito... Só quero viver o que vive qualquer televisor'.

E então, depois de ler o texto, o marido de Ana Maria disse: 'Meu Deus, coitado desse garoto! Que pais ruins ele tem!'. 'Essa redação é do nosso filho!', respondeu a esposa".

Ao ouvir o final da história, o meu coração pareceu parar por uns segundos. Pensei nas crianças que vivem abandonadas dentro da própria casa. Crianças carentes de sorriso, amor, carinho, atenção, paciência e compreensão.

Você, pai e mãe, esforça-se para viver o amor dentro de casa? Seus filhos recebem e experimentam o amor? O que é mais importante para você: a televisão, o computador, a internet, as redes sociais ou os filhos que Deus lhe confiou? Que essa história contada pelo Corauci, de Ribeirão Preto, possa tocar também seu coração. Faço votos de que seu filho ou sua filha nunca queira que Deus o transforme em um aparelho de televisão.

O milagre da chuva

Padre Simão Cirineo acolheu-me na entrada do Santuário. Um vento suave vindo do Leste refrescava meu corpo. Estava em Monte Sião, cidade abençoada por serras, na divisa dos estados de Minas Gerais e São Paulo.

A principal atividade econômica de Monte Sião é a confecção de roupas de malha, que atraem milhares de pessoas para comprá-las. Outras chegam para visitar a primeira igreja do mundo dedicada a Nossa Senhora da Medalha Milagrosa.

Entrei no Santuário, olhei para o altar-mor e avistei a imagem da Mãe de Deus. Padre Simão Cirineo disse-me: "Esta imagem veio de Portugal em 1860. Do porto do Rio de Janeiro até o Monte Sião, ela foi trazida no lombo de animais de tropa, dentro de jacá de carga, envolta em palha seca de milho".

Fomos à sala dos milagres, do outro lado da rua. Lá, Padre Simão Cirineo mostrou-me painéis que contam a história emocionante do milagre da chuva: "A imagem de Nossa Senhora da Medalha, aqui no Santuário, possui traços femininos e sensuais. Por isso, no ano de 1937, o bispo pediu ao pároco que a retirasse do altar e a enviasse para uma capela da zona rural. A ausência da Mãe foi muito sentida pelos seus devotos. Entre os anos de 1937 e 1939, Monte Sião foi assolada por uma grande seca; chovia normalmente, em todas as cidades da região, mas aqui, não. O povo associou a falta de chuva à ausência da imagem. Algumas pessoas intercederam junto ao padre, pedindo o retorno de Nossa Senhora para o altar. Isso aconteceu no dia 5 de novembro de 1939. Era uma tarde ensolarada. A procissão, que a trazia, foi se aproximando da cidade. O povo cantava, rezava e chorava. De repente, começaram a cair os primeiros pingos d'água, seguidos de uma chuva forte, fazendo com que a própria imagem e os fiéis entrassem molhados na igreja. A partir daquele dia, as plantações prosperaram, as criações não morreram mais e o ciclo da chuva voltou à normalidade", explicou-me o padre.

No dia 5 de novembro de 1999, depois de muitos estudos, pesquisas, comprovações de graças recebidas pela intercessão de Nossa Senhora, a igreja matriz foi elevada a Santuário por meio do Decreto do Arcebispo Metropolitano de Pouso Alegre, Dom Ricardo Pedro Chaves Pinto Filho.

Depois da visita à sala dos milagres, Padre Simão Cirineo convidou-me para um café bem à mineira, na casa paroquial: bolo de aipim, pão de queijo e café coado na hora. À noite, presidi a missa no Santuário. Fixei meu olhar na imagem de Nossa Senhora em diversos momentos da celebração. Emocionei-me, lembrando-me do milagre da chuva.

O milagre do Livramento

O caracaraí é um gavião caçador. Imponente e forte, é conhecido por sua excepcional visão e coragem. Fiquei frente a frente com ele em Roraima, onde estive para participar do VI Cenáculo da Renovação Carismática Católica, na cidade de Caracaraí, nome escolhido em homenagem a essa ave, hoje em extinção, mas que era muito comum na região. A cidade fica às margens do Rio Branco, terra de gente amiga, de pessoas de fé, e terra de Nossa Senhora do Livramento.

Simeão, sargento do Corpo de Bombeiros, organizador do Cenáculo, levou-me para conhecer o monumento em honra à Mãe de Jesus, construído pelo Padre Jesus, missionário espanhol que viveu muitos anos na cidade. No local, contou-me o que acontecera ali no inverno de 1971.

Era final de agosto. A estação das chuvas estava terminando. Na época, havia sido inaugurada a hidrovia que integrava o extremo Norte brasileiro a outros estados amazônicos. Balsas rústicas de madeira se agrupavam na orla do grande rio, trazendo produtos de vários lugares, sobretudo de Manaus. No retorno para a capital do estado do Amazonas, as balsas levavam os produtos locais, extraídos da floresta, e gado de corte.

Na manhã do dia 24 de agosto, Bernardino José dos Santos, vaqueiro experiente, avistou, ao longe, uma embarcação que transportaria sua boiada. Como de costume, foi reunir os animais. De repente, um boi, furioso, furou o bloqueio, investiu contra o vaqueiro, rasgando seu abdome e perfurando seu intestino a chifradas. Bernardino caiu e percebeu que o boi vinha ao seu encontro para o golpe final.

Naquele instante, lembrou-se das palavras de sua mãe, que lhe dissera para invocar a Senhora do Livramento nos momentos de desespero. Então, o vaqueiro olhou para o céu e pediu socorro para a Mãe de Jesus. O boi, como que obedecendo a uma ordem silenciosa, acalmou-se. Levantando a cabeça para as nuvens, afastou-se, lentamente. Bernardino foi colocado na balsa e levado às pressas para Manaus. Tinha as vísceras expostas, sentindo dores terríveis. No caminho, prometeu construir uma capela à Senhora do Livramento se voltasse com vida. Foi atendido. Então voltou e construiu a capela, onde hoje se encontra o monumento dedicado à Virgem Maria, local sagrado que recebe milhares de peregrinos vindos de várias partes do estado de Roraima.

Jamais esquecerei o Milagre do Livramento. Sinto saudades de Roraima, de Caracaraí, das pessoas, da grandeza do Rio Branco e da agilidade dos caracaraís. São imagens do Brasil registradas em minha alma, memórias que nunca se apagarão da minha vida.

O Monte Tabor na Serra da Mantiqueira

Um dia, Jesus chamou Pedro, Tiago e João para subirem ao Monte Tabor. Perto das nuvens, no alto da montanha, o Senhor transfigurou-se diante deles. Manifestou a sua glória. Mostrou-lhes um pedacinho do céu.

Essa experiência do amor de Deus pode ser feita numa pequena cidade do interior de São Paulo, chamada Pedra Bela. Nesse pequeno município com cerca de seis mil habitantes, localizado a uma altitude de 1.100 metros na Serra da Mantiqueira, foi construído um santuário dedicado a Nossa Senhora no alto de uma enorme rocha.

A história do santuário teve início há muitos anos, quando um garoto de nome Antônio, órfão e abandonado em Bragança Paulista, foi acolhido por um fazendeiro de Pedra Bela, conhecido como Joaquim da Serra. Sua fazenda ficava nas proximidades da Pedra.

Antônio da Serra, como o garotinho seria conhecido mais tarde, tinha visões constantes. Uma bela mulher, repleta de luzes coloridas e com perfume de flores, surgia e conversava com ele. Numa dessas aparições, disse-lhe que gostaria que fosse construída uma igreja, lá no alto da Pedra, em sua homenagem. O menino contou para Joaquim, que acreditou em suas palavras. Assim, com a ajuda de muitas pessoas da região, foi construído o santuário de Nossa Senhora da Pedra. Antônio da Serra faleceu em 1999, pobre, humilde e no anonimato, como sempre vivera.

Tive a graça de conhecer esse local sagrado. Ao chegar aos pés da rocha, lembrei-me do Monte Tabor. Fiz minhas as palavras de São Pedro: "Mestre, como é bom estarmos aqui".

Para se chegar ao alto da pedra, é preciso subir, passo a passo, com muita calma, quatrocentos degraus. Dei os primeiros passos. Poucos minutos depois, já estava com a língua de fora! Parei num pequeno patamar para respirar um pouco. Naquele instante, uma mulher, aparentando uns 50 anos, descia a escadaria e me viu parado. "Olá", disse ela. "Tenha fé que você vai conseguir chegar lá em cima."

Ela era de Toledo (MG). Contou-me que havia ido pagar uma promessa por Jesus ter curado seu filho de um câncer por meio da intercessão de Nossa Senhora da Pedra. Havia subido os degraus de joelhos. Vi que minha fé era menor que um grão de areia, comparada à dela. Ela seguiu seu caminho e eu, entusiasmado, cheguei ao alto da pedra.

Depois de fazer uma oração, saí pela lateral do santuário. Contemplei a pequena cidade e as inúmeras montanhas da região. Experimentei no meu coração a alegria dos apóstolos no Monte Tabor. Meu corpo foi tocado pelo vento que soprava no alto da pedra. Minha alma foi acalentada pela ternura da Virgem Maria. Meu espírito escutou a voz do Pai, dizendo-me: "Eis o meu Filho muito amado, em quem pus toda a minha afeição; ouvi-o" (Mt 17,5).

O pizzaiolo Jesus

Cheguei à pizzaria e logo olhei o cardápio. Portuguesa, calabresa, atum, frango... Que delícia! O *pizzaiolo* avistou-me através do vidro da cozinha e veio se apresentar: "Padre, é uma alegria ter você aqui em nosso restaurante. Meu nome é Jesus", disse sorrindo. Apertei sua mão: "Que belo nome! Obrigado pela acolhida". Jesus afastou-se para cumprimentar outros clientes. O garçom aproximou-se, e fiz o meu pedido.

A pizzaria estava cheia de gente. Crianças corriam entre as mesas. Garçons andavam para lá e para cá. Meia hora depois, Jesus trouxe meu pedido e me perguntou:

"Posso contar uma história, padre?". "Claro! Sente-se", respondi. "Moro perto daqui, em Águas da Prata, no interior de São Paulo. Todos os dias venho trabalhar e volto de madrugada para casa. Uma noite, a caminho de casa, após encerrar meu expediente, caía uma chuva muito forte. As estradas por aqui têm muitas curvas; e, de repente, olhei no acostamento e vi um carro com as rodas para cima. O acidente tinha acabado de acontecer. Fiquei muito assustado. Parei e desci correndo para socorrer o motorista. Ele estava preso nas ferragens, gemendo de dor. Havia sangue no vidro e nos bancos da frente. A escuridão tomava conta da estrada. Não sabia o que fazer nem o que dizer. Apenas pedi para ele ficar calmo que eu iria ajudá-lo. Atordoado, ele perguntou: 'Quem é você?'. Olhei nos olhos dele e respondi: 'Eu sou Jesus'. O homem ficou desesperado: 'Pelo amor de Deus, Jesus, eu não quero morrer. Tenho filhos para criar. Não faz isso comigo. Me dê uma chance, Jesus. Por favor, não me leve embora agora'. A polícia rodoviária chegou. Socorreram-no e levaram-no ao hospital. Graças a Deus, ele se recuperou. De vez em quando, vem comer uma pizza comigo. Até hoje rimos da confusão que ele fez com meu nome".

Jesus, o *pizzaiolo*, despediu-se e voltou para a cozinha. Fiquei pensando na história que me contou. As coisas acontecem quando a gente menos espera. Poucos estão preparados para enfrentar a morte. Por isso, é essencial que a prática dos ensinamentos de Jesus de Nazaré faça parte de nossas vidas. A morte, além de ser um processo natural, é também a porta de entrada para o Reino dos Céus. Por isso, viva o Evangelho e se prepare para o imprevisível.

"Estejam cingidos os vossos rins e acesas as vossas lâmpadas. Sabei, porém, isto: se o senhor soubesse a que hora viria o ladrão, vigiaria sem dúvida e não deixaria forçar a sua casa. Estai, pois, preparados, porque, à hora em que não pensais, virá o Filho do Homem" (Lc 12, 35.39-40).

O sabiá e o joão-de-barro

As chuvas vêm fortes e vão embora, rapidamente. As folhas das árvores alegram nossos olhos com diferentes tons de verde. Os dias longos fazem as plantas ficarem mais coloridas. No verão, o Sol aquece os jardins e clareia as casas, nessa estação que se inicia em 21 de dezembro.

A nossa vida espiritual, como o nosso planeta, passa por várias estações. No verão da alma, sentimos o calor do amor de Deus nos abrasar. Também vivemos outonos, quando os frutos de nossas obras são saborosos e fartos. Há época em que estamos na primavera. As flores desabrocham em nossa vida interior. Tudo canta de alegria. Mas existe o inverno, quando tudo perde o brilho e a cor. A vida parece chegar ao seu ocaso. Pensamos até que Deus se cansou da gente e foi navegar em outros mares. Experimentamos a solidão e a fraqueza da alma. O desânimo se apodera de cada célula de nosso corpo.

No primeiro mês de um novo ano, precisamos nos preparar para os momentos de inverno interior que a vida poderá nos trazer, alimentando-nos da Palavra de Deus e da Eucaristia; fazendo da oração não uma obrigação, mas um encontro de amor com o Senhor: abrindo nossas mãos para socorrer os necessitados. Essas são atitudes fundamentais para suportarmos os ventos gelados que talvez aparecerão nos próximos onze meses.

O sabiá e o joão-de-barro

Certa vez, quando eu voltava de São Paulo para a cidade onde moro, entrei no ônibus, no Terminal Rodoviário do Tietê, e ocupei a poltrona 23. Logo, um rapaz sentou-se ao meu lado. Ele morava em Guaxupé, Minas Gerais. Conversamos por quase quatro horas. O mineiro era bom de papo e uma pessoa muito otimista. Entre tantos assuntos, comentei que gosto de contar histórias. Ele, então, falou-me da história do joão-de-barro e do sabiá que dormiam na mesma árvore: "Um joão-de-barro trabalhava na construção de sua casinha. Era verão. Como a noite demorava a chegar, ele ficava o dia todo à procura de barro, raminhos e pequenos pedaços de pau para a sua construção. O sabiá, ao contrário, ficava ali, espiando, reclamando do calor, com uma preguiça danada. Muitas vezes, dizia: 'João, um dia vou construir uma casa como a sua'. Mas ele só pulava de galho em galho, cantava ao amanhecer, mas não movia uma palha. Os meses foram se passando, e o inverno chegou. As folhas da árvore, onde os pássaros dormiam, caíram e o frio tornou-se insuportável depois do pôr do sol. O joão-de-barro dormia tranquilo dentro de sua casinha. O sabiá, não suportando as baixas temperaturas, morreu de frio". O rapaz contou-me também vários "causos" acontecidos em sua região. Mas o que mais me fez pensar foi esse do sabiá e do joão-de-barro.

Então, alegremo-nos com as coisas boas que Deus derrama, diariamente, sobre nós. Mas preparemo-nos, também, para os momentos difíceis, para as provações que virão. Lembremos sempre que existe alguém que nos ama muito: Jesus. Aproveitemos as estações frias da nossa vida espiritual para construirmos um abrigo no coração de Deus, como fez o joão-de-barro no galho daquela árvore.

O valor de um cafuné

Certa vez fui convidado por um grupo de amigos para um dia de lazer, num pequeno sítio. Saí de casa quando o sol mostrava seus primeiros raios. Encontrei-me com eles em frente à igreja matriz. A cidade foi ficando para trás, e, quarenta minutos depois, chegamos ao local. Era um lugar maravilhoso: havia uma pequena mata, um riacho, aves, pássaros, flores e, o mais importante, silêncio!

Pedro, o caseiro, acolheu a todos com um sorriso contagiante. Depois de um café da manhã com sabor da roça, acompanhei-o até a entrada da mata. Diariamente, ele leva frutas para os saguis, os macaquinhos que habitam a redondeza. São muitos, e a comida nem sempre é farta. Na beira do riacho, num cocho pequeno, Pedro colocou bananas e pedaços de mamão. Afastei-me um pouco e fiquei observando.

Os saguis começaram a aparecer. Desciam das árvores, desconfiados, olhando para os lados, com medo. Logo, invadiram o cocho. Depois que estavam com a barriga cheia, observei que, naquele bando, havia vários casais. Vi, também, que a fêmea procurava e tirava carrapatos do macho. Os pais faziam o mesmo com os filhotes. Eles ficavam contentes. Até se deitavam com a barriga para cima, parecendo príncipes. Pedro tocou suavemente meu ombro e brincou:

"Faz tempo que a minha esposa não tira uns carrapatinhos de mim. Há anos, não sei o que é receber um cafuné". As palavras do caseiro me pegaram de surpresa. Comecei a rir. Os saguis perceberam nossa presença e correram para a mata. Acabaram-se os cafunés.

O dia foi marcado pela alegria e tranquilidade. Voltei para casa renovado. No caminho, sentado no banco de trás do carro, recordei-me de uma história que havia lido num livro de mensagens:

"Era final de ano. Um pai, ao chegar do trabalho, encontrou o filho na sala, vendo um programa de TV. Sentou-se perto dele e lhe disse: 'O Natal está próximo. Quero lhe dar um presente especial. Só que, desta vez, você é quem vai escolher. Pode pedir o que quiser. Mesmo que seja caro, vou fazer de tudo para comprar. Quero ver você muito feliz'. O menino segurou as mãos do pai com suas mãozinhas pequenas e respondeu: 'Não sei se o senhor vai poder me dar o que mais eu sinto falta: eu quero ganhar de presente uma hora de sua companhia todos os dias no próximo ano. Esse é o meu maior desejo: seu carinho e sua presença ao meu lado, papai'. Lágrimas caíram dos olhos do pai. Ele percebeu que não estava dando atenção para o filho. Preocupara-se mais com o trabalho e o dinheiro do que com sua família. Sem palavras, abraçou, demoradamente, o menino e, a partir daquele dia, nunca mais deixou de dedicar uma hora de seu tempo para conversar e brincar com ele".

E você: tem se dedicado à sua família? Tem tempo e convive com seu cônjuge e seus filhos? Dá-lhes atenção e carinho? Consegue tirar alguns "carrapatinhos" da barriga e das costas deles? Se isso não está acontecendo, repense sua maneira de viver. Em muitas situações, um cafuné vale mais do que milhões em ouro e prata!

Obrigado, Senhor

Jesus continuava viajando para Jerusalém. Passou entre as regiões da Samaria e da Galileia. Quando estava entrando num povoado, dez leprosos vieram ao seu encontro. Eles pararam de longe e gritaram: "Jesus, Mestre, tem compaixão de nós!" (Lc 17,11-13). Jesus os curou. Todavia, apenas um dos leprosos, um samaritano, voltou para agradecer.

Você está no início de um novo ano. Jesus está de braços abertos para caminhar com você. Esteja ligado a Ele, tal qual o ramo à videira. Quando você diz obrigado a Jesus, seu coração se dilata para receber mais graças. A ingratidão, ao contrário, torna-o incapaz de acolher as maravilhas que o Senhor quer fazer para você.

Certa vez, eu estava em Americana, no interior de São Paulo. No intervalo de um evento, veio ao meu encontro uma senhora, que aparentava ter uns 60 anos. Tocando em meus ombros, perguntou: "Padre Agnaldo José, posso falar com você um minutinho?". "É claro", respondi. Ela, apertando minha mão, disse: "Queria lhe agradecer por ter ficado internado, comigo, no hospital, este mês inteiro". Parei. Olhei-a com espanto. Não estava entendendo nada. Não tivera nenhum problema de saúde naquele mês nem estivera em Americana antes. Emocionei-me quando ela explicou: "Gosto muito de suas músicas. O médico que cuida de mim me disse que eu ficaria no hospital por vários dias. Então, peguei minhas roupas, meu rádio e seus CD's e levei-os comigo. Obrigada, padre. Você me fez companhia e alegrou-me naqueles dias difíceis". Abracei-a com muito carinho.

No seu relacionamento com Jesus, acontece o mesmo. Agradeça por tudo que Ele realiza em sua vida, em sua família. Ao ouvir seu muito obrigado, Jesus vê que você está aberto ao seu toque de amor. Ao agradecer e louvar, você mergulha no mar da misericórdia de Deus: "Ainda que nossos louvores não vos sejam necessários, vós nos concedeis o dom de vos louvar. Eles nada acrescentam ao que sois, mas nos aproximam de vós, por Jesus Cristo Vosso Filho e Senhor Nosso" (*Prefácio da Missa do Tempo Comum IV*).

Louve a Jesus por você estar enxergando, por ter mãos para virar as páginas deste livro, por compreender o que leu. Não seja como os nove leprosos que, depois de curados, não voltaram a Jesus. Seja como o samaritano. Com certeza, ele recebeu mais após sua cura por ter ficado com aquele que lhe deu uma nova esperança. Jesus já fez muitas coisas por você. Ele vai fazer muito mais se você mantiver acesa a chama da fé e pedir todos os dias: "Abri os meus lábios, ó Senhor. E minha boca anunciará vosso louvor" (*Liturgia das Horas - O invitatório*).

Pagamento das leitoas

"O céu e a terra passarão, mas as minhas palavras não passarão." (Mt 24,35)

Após o falecimento de uma senhora que vivia na comunidade, a família pediu para que eu fizesse as orações antes do sepultamento. Ao final da celebração das exéquias, aproximei-me de uma pequena cozinha e tomei um cafezinho. No mesmo instante, chegou um senhor para também tomar um café. Perguntei a ele se era parente daquela senhora que havia falecido. "Não, padre", respondeu. "Sou muito amigo da família, principalmente do pai dela, já falecido, meu vizinho lá no sítio."

Ele me contou um fato acontecido há mais de cinquenta anos, mas que sempre se manteve vivo em sua memória: "Sabe, padre, o pai dessa senhora era um homem muito honesto, pessoa de palavra. Certa vez, ele me procurou querendo comprar algumas leitoas, pois vários familiares iriam visitá-lo num feriado prolongado. Queria fazer um almoço de acolhida. Vendi três para ele. Disse que me pagaria dez dias depois. Naquela época, não era preciso assinar nenhuma promissória. As pessoas falavam e cumpriam. Numa noite, por volta das 23h30, ouvi o barulho da porteira do sítio sendo aberta. Acendi a luz.

Meu coração disparou! Naquela hora, alguém chegando em casa, só podia ser má notícia, geralmente o falecimento de uma pessoa da família. Não havia telefone na roça. Girei a tramela da porta da sala e vi meu vizinho apeando do cavalo. 'Compadre, você por aqui? Quem morreu?', perguntei. 'Ninguém. Me perdoe ter vindo a essa hora em sua casa. Atrasei muito o serviço e não deu para eu vir lhe pagar as leitoas antes. Prometi que lhe traria o dinheiro hoje', respondeu. 'Mas, compadre, não precisava ter se preocupado. Você poderia ter vindo amanhã', insisti. Ele tirou o chapéu de palha da cabeça e falou: 'Eu prometi que lhe pagaria hoje. Até meia-noite é hoje. Não durmo tranquilo se eu não cumprir aquilo que prometi. Palavra é palavra!'".

Se esse homem simples, honesto, mas imperfeito como todos, foi capaz de cumprir aquilo que prometera, imagine Deus! Ele realiza o que diz. Pode até demorar, às vezes. O que pedimos pode não chegar pela manhã, depois do almoço ou no ocaso do sol. No entanto, Ele vem ao encontro, trazendo as bênçãos, mesmo que seja às 23h59.

Assim aconteceu na vida de Simeão. O ancião, um dos profetas que narrou a vinda de Cristo, passava horas no templo de Jerusalém, à espera do Messias, conforme relata o Evangelho de Lucas: "(...) Havia em Jerusalém um homem chamado Simeão. Este homem, justo e piedoso, esperava a consolação de Israel, e o Espírito Santo estava nele. Fora-lhe revelado pelo Espírito Santo que não morreria sem primeiro ver o Cristo do Senhor. Impelido pelo Espírito Santo, foi ao templo. E tendo os pais apresentado o menino Jesus, para cumprirem a respeito dele os preceitos da lei, tomou-o em seus braços e louvou a Deus nestes termos: 'Agora, Senhor, deixai o vosso servo ir em paz, segundo a vossa palavra. Porque os meus olhos viram a vossa salvação que preparastes diante de todos os povos, como luz para iluminar as nações, e para a glória de vosso povo de Israel'" (Lc 2,22-32).

Nesta sociedade em que a palavra humana perdeu sua força, é preciso confiar plenamente em Deus. Ele cumpre o que promete. Tudo vai passar, menos o que Ele diz.

Pedaços de carvão

Em todas as fases de nossa vida, vivemos momentos de felicidade ou de sofrimento. Nossa história é marcada por desafios, conquistas, vitórias, fracassos, acertos e erros.

Quantas vezes, na convivência familiar, no trabalho, na escola ou na comunidade de fé, sentimo-nos tristes. Não sabemos o que fazer, nem mesmo para onde ir. Deixamos de rezar. O pecado nos domina. Dizemos palavras duras aos nossos irmãos. Machucamos aqueles que estão mais próximos de nós. Se levarmos tudo "a ferro e fogo", não teremos amigos; não cresceremos na vida espiritual; caminharemos sem saber o ponto de chegada.

São Francisco de Assis, em sua oração, diz: "Onde houver ofensa, que eu leve o perdão". Esse é o convite que Jesus nos faz todos os dias. Ele derrama sua graça sobre nós e chama-nos para uma vida de santidade, amor e misericórdia.

Certa vez, um rapaz chegou em casa, nervoso e chateado, por haver brigado com um amigo. Disse ao pai que não queria mais conversar com aquele que o ofendera. Nunca mais "olharia em sua cara". Se ele encontrasse esse amigo, na rua da cidade, mudaria de calçada.

O pai chamou o filho e o levou para o quintal. Lá havia uma churrasqueira e um quartinho onde ele guardava ferramentas. O pai apontou para um saco de carvão e pediu ao filho que o abrisse. Ele obedeceu. Depois, disse-lhe: "Está vendo aquela camisa branca no varal que sua mãe lavou pela manhã? Eu quero que você pegue esses pedaços de carvão e jogue-os na camisa". O rapaz não entendeu nada. Mas, como estava com muita raiva, começou a atirar os pedaços de carvão na roupa pendurada no varal.

Logo, seu pai voltou e o chamou para dentro de casa. Fez com que ele ficasse em frente a um grande espelho em seu quarto. O rapaz olhou para si e levou um susto: estava todo coberto de uma poeira negra. Só se viam seus dentes brancos. O pai, calmamente, olhou em seus olhos e lhe disse: "Você jogou pedaços de carvão na camisa branca do varal. Ela sujou menos que você. Veja só o estado em que você ficou. Meu filho, isso acontece com todos aqueles que são dominados pela raiva, pela vingança e pelo ódio. Quando alguém deseja isso para os outros, ele sofre muito mais as consequências". O jovem, envergonhado, abaixou a cabeça, tirou aquela roupa suja, tomou um banho e decidiu perdoar seu amigo.

Jesus, na oração do Pai-Nosso, ensina-nos a rezar: "Perdoai-nos as nossas ofensas, assim como nós perdoamos a quem nos tem ofendido". Queremos ser perdoados? Perdoemos a quem nos magoa! Desejamos ser amados? Amemos sem medida! Sonhamos com a felicidade? Esforcemo-nos para que nossos amigos sejam felizes! "O mar de misericórdia não pode invadir nosso coração enquanto não tivermos perdoado aos que nos ofenderam. O amor, como o Corpo de Cristo, é indivisível: não podemos amar o Deus que não vemos se não amamos o irmão ou a irmã que vemos. Recusando-nos a perdoar nossos irmãos e irmãs, nosso coração se fecha, sua dureza o torna impermeável ao amor misericordioso do Pai" (*CIC* 2840).

Que nossas mãos nunca se encham de pedaços de carvão, mas de bondade e misericórdia.

Pingos d'água

O avião pousou no Aeroporto Internacional Santa Genoveva, em Goiânia (GO), pouco antes das onze da manhã. Saí pela porta traseira, contornei a asa esquerda da aeronave e cheguei à sala de desembarque.

A viagem ainda não havia acabado. Meu destino era a cidade de Morrinhos, a cerca de 130 quilômetros da capital goiana. Ao chegar ao saguão, um homem magro, de tênis e camisa social desabotoada sobre uma camiseta branca segurava uma folha com seu nome: "Professor Cleumar". Ao me avistar, foi ao meu encontro. "Você é o padre Agnaldo José? Eu vim buscá-lo."

Não demorou e já estávamos na rodovia em direção ao interior. Professor Cleumar, ex-prefeito de Morrinhos, alegre, ligou o rádio e colocou um CD de músicas sertanejas antigas para ouvirmos. De repente, iniciou-se a canção "Pingo d´água", interpretada por Sérgio Reis, que conta a fé de um homem do campo num tempo de seca.

A letra dizia:
Eu fiz promessa pra que Deus mandasse chuva,
pra crescer a minha roça e vingar a criação.
Pois veio a seca e matou meu cafezal,
matou todo o meu arroz e secou todo algodão.

> Nessa colheita, meu carro ficou parado,
> minha boiada carreira quase morre sem pastar.
> Eu fiz promessa, que o primeiro pingo d´água
> eu molhava a flor da santa, que estava em frente do altar.
> Eu esperei uma semana, o mês inteiro.
> A roça estava tão seca, dava pena até de ver.
> Olhava o céu, cada nuvem que passava,
> eu, da santa, me lembrava pra promessa não esquecer.
> Em pouco tempo, a roça ficou viçosa,
> a criação já pastava, floresceu meu cafezal.
> Fui na capela e levei três pingos d´água:
> um foi o pingo da chuva, dois caiu do meu olhar.

Não quis cantar junto, apenas ouvi, pois estávamos passando por uma das secas mais duradouras das últimas décadas, em São Paulo, estado onde moro. O rio Pardo, que corta minha região, dava para atravessar a pé de um lado para o outro. As aves migraram. Os peixes nadaram para longe. Recordei o que minha avó dizia: "Um dia, as pessoas terão dinheiro para comprar comida, mas não haverá colheita. Olha, Agnaldo, o mundo é a casa de Deus. Ele mora aqui conosco. Precisamos cuidar dessa casa com muito amor. Caso contrário, iremos sofrer no futuro. Deus perdoa sempre, o homem, às vezes, mas a natureza não perdoa nunca".

Izaltina, mãe da minha mãe, faleceu em 1980. Suas palavras estão se concretizando em nossos dias. Ouvi até um cientista dizer, frustrado, na televisão: "Os reservatórios estão secando. Infelizmente, estamos dependendo de São Pedro". O homem é capaz de fazer um avião voar entre as nuvens, mas é incapaz de criar nuvens e fazê-las derramar a chuva sobre a terra sedenta.

Aproximávamos de Morrinhos, depois de duas horas de estrada. O professor Cleumar me deixou na comunidade Nossa Senhora do Carmo. Um almoço maravilhoso me esperava: arroz com pequi, carne cozida e feijão tropeiro. Agradeci a acolhida dos padres e da comunidade. Também a Deus pelos alimentos que estavam sobre a mesa.

Se cuidarmos e respeitarmos a natureza, não vão faltar pingos d´água, nem pão na nossa mesa, pois Deus é nosso Pai. Ele cuida de nós, muito mais do que dos pássaros e dos lírios do campo.

Professor motoqueiro

A neblina, na avenida Paulista, em São Paulo, cobria os grandes edifícios, e o frio incomodava. Cheguei à estação Trianon-Masp e embarquei no metrô com destino à Universidade São Judas Tadeu, no bairro da Mooca. No segundo andar está localizado o laboratório de rádio. Alguém já me esperava: o professor Serginho Pinheiro.

Morador da Vila Prudente, formado em Rádio e TV, Serginho, 31 anos, magro, de óculos, apaixonado por motos, parecia ansioso. Esperei terminar a aula e fomos almoçar.

Além de trabalhar na Faculdade São Judas, Serginho leciona radiojornalismo e produção de rádio em publicidade na Fundação Instituto de Educação para Osasco (Fieo). Percorre nas avenidas e ruas de São Paulo, diariamente, mais de 400 quilômetros por semana, conduzindo sua motocicleta vermelha entre carros, caminhões e ônibus. "Se eu viesse trabalhar com carro perderia quatro horas por dia no trânsito. Com a moto faço tudo em uma hora e meia. Muitas pessoas pensam que motoqueiro é maloqueiro; acham que não temos educação; que não somos cidadãos; que não nos preocupamos com nada. Mas isso não é verdade. Andar no corredor dos carros não é proibido. É menos perigoso que ficar atrás."

Ele dá algumas dicas para os motoristas de carros, como observar com atenção o retrovisor, sinalizar sempre e não mudar de pista nas curvas.

O excesso de velocidade e a desatenção são os fatores que mais favorecem acidentes com motoqueiros, que, segundo ele, são estigmatizados pela mídia. "Li esses dias, nos jornais, que houve um aumento de 150% no número de acidentes com motos em São Paulo. Mas não informaram que o número de motos, circulando, aumentou em 400%." Mestrando na Faculdade Cásper Libero, o professor Serginho ama o que faz e é devoto de São Francisco de Assis: "Sempre rezo um pai-nosso e uma ave-maria quando estou no trânsito. Procuro ser humilde e dar exemplo para meus alunos, ensinando-os a fazer tudo com amor. Peço a Deus que me guie, que esteja comigo na direção da moto."

Depois do almoço, acompanhei Serginho até o estacionamento da faculdade e, juntos, seguimos para a avenida Paulista. Sua aula no mestrado começaria dentro de meia hora. O professor-motoqueiro ora acelerava, ora freava, ultrapassando os carros pelo corredor. Eu, na garupa, segurava firme e rezava o tempo todo. Olhava no velocímetro da motocicleta que, poucas vezes, ultrapassava os 50 km/h. Mas o velocímetro do meu coração marcava mais de 100.

Ele estacionou na alameda Campinas. Tirei o capacete. "E aí, ficou com medo?", perguntou-me, sorrindo. "Muito!", respondi. Só depois de alguns minutos, quando senti meus pés no chão, o medo foi se dissipando, como a neblina que não mais cobria os edifícios da avenida Paulista.

Quem está na casa da Mãe nunca está perdido

Outubro de 1976. As ruas pareciam um formigueiro. Era quase impossível caminhar na passarela, rumo ao Santuário da Padroeira do Brasil. Minha família e eu caminhávamos, calmamente, olhando as lojas e comprando presentes para os que ficaram em casa. Com apenas 9 anos, segurava a mão da tia Lídia, minha madrinha de batismo.

Estava um pouco assustado. Nunca vira tanta gente ao mesmo tempo, no mesmo lugar. De repente, uma bola colorida chamou minha atenção. Impulsivamente, entrei na loja para vê-la mais de perto. O inesperado aconteceu: estava perdido em Aparecida. Não via minha tia, nem meus pais e irmãos. Saí dali e fiquei andando pelas ruas, sem rumo. O medo invadiu minha alma. Procurava minha família no meio da multidão e não via ninguém.

Depois de umas duas horas, andando pra lá e pra cá, levantei a cabeça e vi aquela igreja enorme diante de mim. Pensei: "Acho melhor eu ir para a casa de Nossa Senhora". Caminhei apressadamente. Não demorou e eu já estava dentro da Basílica. A missa estava quase terminando. Olhei para todos os lados, e os rostos me eram desconhecidos.

Comecei a chorar. Ao meu lado, estava uma mulher bem velhinha. Ela me perguntou: "Por que você está chorando, menino?". "Eu perdi minha família", respondi, soluçando. Ela segurou minha mão com carinho e me levou para uma sala onde havia outras crianças perdidas. Nela, um rapaz anunciava no alto-falante os nomes das crianças perdidas. Esperei uns dez minutos. Então, ele anunciou meu nome: "Há um menino perdido aqui na Basílica. Ele se chama Agnaldo José...". Logo meus pais chegaram chorando e abraçaram-me com ternura. Tia Lídia veio logo atrás e deu--me a maior bronca: "Você quase matou a gente do coração, Agnaldo. Por que você largou a minha mão?". Não fiquei bravo com ela. Estava alegre, tranquilo, seguro com eles novamente ao meu lado.

O tempo passou. Estive algumas vezes em Aparecida, depois de 1976. Em uma delas entrei na Basílica com meus paramentos. Seria a primeira vez que participaria de uma missa naquele lugar sagrado, como padre. Entrei na sacristia. Fui recebido com muito carinho pelos Missionários Redentoristas. Na procissão de entrada, meu coração acelerou, mas contive as lágrimas. Mas elas escorreram pelo meu rosto no final da celebração, quando foi entronizada a imagem milagrosa de Aparecida. As lembranças daquele outubro de 1976 vieram à minha memória. Uma certeza brotou no meu interior: quem está na casa da Mãe nunca está perdido.

147

Rede wi-fi

Com o avanço da tecnologia, é cada vez mais comum se deparar com a internet sem fio nos mais variados locais, como bares, restaurantes e *shoppings*. Esse sistema de conexão é, comumente, chamado de rede *wi-fi*. Os clientes conseguem acessar o mundo virtual através de computador, de *tablet* ou do celular, gratuitamente.

A Igreja tem incentivado o uso da rede mundial de computadores para o anúncio do Evangelho. Por ocasião do dia mundial das comunicações sociais, celebrado no mês de maio, o Papa Emérito, Bento XVI, publicou uma mensagem cujo tema versava sobre as redes sociais: "Redes sociais: portais de verdade e de fé; novos espaços de evangelização". Dentre vários assuntos abordados, Bento XVI afirmou que "o desafio que as redes sociais têm de enfrentar é o de serem verdadeiramente abrangentes: então beneficiarão da plena participação dos fiéis que desejam partilhar a mensagem de Jesus e os valores da dignidade humana que a sua doutrina promove. O ambiente digital não é um mundo paralelo ou puramente virtual, mas faz parte da realidade cotidiana de muitas pessoas, especialmente dos mais jovens".

No entanto, apesar de as redes sociais serem esses novos ambientes de evangelização, elas podem também acarretar no "isolamento" do usuário, caso não sejam utilizadas com moderação. Recentemente, viajei para São José da Boa Vista, no Paraná, para participar das comemorações do aniversário da paróquia. Nossa equipe era formada por quatro pessoas. Marcão, estudante de teologia, estava ao meu lado, empolgado por ter adquirido um *tablet* com muitos recursos, aplicativos, acesso a *e-mails*, *sites* e redes sociais. Ele falava o tempo todo sobre o que seu aparelho fazia. Quando paramos para almoçar, ele logo se conectou à rede *wi-fi* do restaurante e acessou a internet gratuita. "Pare um pouco, Marcão. Desliga esse aparelho. Pelo menos agora na hora do almoço. Isso vai fazer mal para você", aconselhei. Ele fez cara feia: "Justo agora que posso ver meus recados no Facebook, padre?".

Continuamos a viagem e chegamos à cidade, onde celebrei a missa. Participamos de um jantar na casa paroquial. Por volta das onze da noite, levaram-nos ao hotel. O local era simples. Aproximei-me do balcão, onde trabalhava uma senhora idosa que cuidava da portaria durante a noite. Ao meu lado, estavam meus amigos.

A senhora pegou duas chaves e nos chamou para mostrar os quartos. "Esse aqui é o seu, Padre Agnaldo", disse, ao abrir a porta. "Obrigado", respondi. Depois, abriu a porta do outro, maior, onde havia três camas. Marcão, então, perguntou: "Aqui no hotel vocês têm rede *wi-fi*?". A senhora pensou um pouco e respondeu: "Não, moço. Aqui só temos camas e beliches, não temos rede". Aquela senhora voltou para a portaria. Marcão, desapontado, vendo os amigos rirem, desligou seu *tablet*.

Vamos nos unir à Igreja, que tem valorizado muito esses novos e modernos espaços de comunicação. Vamos evangelizar por meio das novas tecnologias, fruto da inteligência humana e dom de Deus. Mas não deixemos que ela nos feche em nós mesmos. Além da tecnologia, temos família, amigos, comunidade e uma vida para ser vivida no amor e na alegria.

Remédio de Deus

Jesus foi um dia a Tiro e Sidônia, região dos pagãos. Uma mulher aproximou-se dele gritando: "Senhor, filho de Davi, tenha piedade de mim! Minha filha está, cruelmente, atormentada por um demônio". O Senhor disse àquela mulher que fora enviado ao mundo para salvar as ovelhas perdidas da casa de Israel. Não convinha jogar aos cachorrinhos o pão dos filhos eleitos. A mulher respondeu: "Mas os cachorrinhos, ao menos, comem as migalhas que caem da mesa de seus donos". Ouvindo isso, Jesus admirou-se da fé daquela mulher e libertou sua filha do demônio.

Hoje, também, há pessoas perseverantes, insistentes em suas súplicas. Numa quarta-feira, eu celebrava uma missa dedicada à Nossa Senhora do Perpétuo Socorro. Lembro-me de que, após a bênção com o Santíssimo Sacramento, fiz o sinal da cruz em todas as pessoas que estavam na igreja.

Quando saí do altar, uma mulher, muito triste, aproximou-se: "Padre, o senhor pode me dar uma bênção?". Pensei: "Por que a senhora quer outra bênção? Acabei de abençoá-la com o Santíssimo, a mais sagrada das bênçãos. Além disso, fiz o sinal da cruz, em sua testa, há poucos minutos". Ela levantou a mão esquerda, cheia de bolhas de sangue. "Padre, reze por mim, por favor. Olhe minha mão. Eu não aguento a dor. Fui ao médico. Ele me receitou uma pomada, mas até agora quase nada aconteceu. Eu creio no poder de Jesus. Ajude-me! Eu preciso de uma bênção especial".

Naquele instante, meu coração encheu-se de compaixão. Que fé extraordinária! Pedi-lhe que me acompanhasse à sacristia. Ungi-lhe a fronte e sua mão com o óleo santo, ministrando o sacramento da Unção dos Enfermos. Enquanto a ungia, veio-me o desejo de pedir a intercessão de São Rafael, o arcanjo da cura.

No dia seguinte, quando atendia confissões, olhei para a sala de espera e vi a mulher, sentada, esperando para falar comigo. Quando chegou sua vez, ela me disse: "Padre, vim agradecer-lhe seu carinho por mim. Veja minha mão. Não sei o que aconteceu. De manhã, quando acordei, meu lençol estava manchado de sangue. As bolhas estouraram durante a noite. Não estão doendo mais". Coloquei a mão em seu ombro: "continue com essa fé".

Aquela senhora me deu uma grande lição de humildade e perseverança. Desde aquele dia, invoco São Rafael nos momentos de oração, pedindo a cura e a libertação para as pessoas.

O Papa São Gregório Magno nos ensina: Rafael significa remédio de Deus. Quando ele tocou os olhos de Tobit para curá-lo, baniu a escuridão de sua cegueira. Assim ele é, por justa causa, chamado "aquele que cura".

Santa Maria do Presépio

"Naqueles tempos apareceu um decreto de César Augusto, ordenando o recenseamento de toda a terra. Este recenseamento foi feito antes do governo de Quirino, na Síria. Todos iam alistar-se, cada um na sua cidade. Também José subiu da Galileia, da cidade de Nazaré, à Judeia, à Cidade de Davi, chamada Belém, porque era da casa e família de Davi, para se alistar com a sua esposa Maria, que estava grávida. Estando eles ali, completaram-se os dias dela. E deu à luz seu filho primogênito, e, envolvendo-o em faixas, reclinou-o num presépio; porque não havia lugar para eles na hospedaria." (Lc 2,1-7)

Essa narrativa de São Lucas soou nos ouvidos de minha alma quando dei os primeiros passos na Basílica de Santa Maria Maior, em Roma. Estava acompanhado de vários peregrinos brasileiros em visita à Cidade Eterna.

Santa Maria Maior é a mais antiga igreja do Ocidente dedicada à Santíssima Virgem. É considerada "Maior" por ser a mais importante das igrejas de Roma em homenagem à Rainha dos céus.

Elevada no Monte Esquilino, uma das sete colinas de Roma, é conhecida também por Basílica de Santa Maria das Neves, em razão da manifestação sobrenatural ocorrida ali.

Virgem Maria indicou que ali se edificasse uma igreja em sua honra, dando, como sinal, a neve que caía somente naquele monte em pleno verão de Roma. Era noite de 4 para 5 de agosto, do ano 352 d.C., época de excessivo calor na Itália.

Pela manhã, o Esquilino estava coberto de neve! A cidade inteira acorreu ao lugar do milagre, tendo à frente o Papa Libério, que mandou edificar no local uma igreja em honra a Nossa Senhora. Um século depois, para celebrar os resultados do Concílio de Éfeso, que proclamou a "maternidade divina da Virgem Maria", o Papa Xisto III mandou construir uma grande igreja no mesmo local; por isso o nome "Maior".

No dia 5 de agosto de 431 d.C., a nova igreja foi consagrada com o nome de basílica de "Santa Maria Maior". Minha emoção aumentou ao chegar à cripta, sob o altar-mor, onde estão as relíquias da manjedoura do menino Jesus, que faz Santa Maria Maior ser conhecida também como Basílica de Santa Maria do Presépio.

Parte da manjedoura de Belém foi trazida a Roma por Santa Helena, mãe do imperador Constantino, guardada num relicário e exposta aos fiéis. Segundo a tradição, foi em Santa Maria Maior que montaram o primeiro presépio da história.

Afastei-me do grupo por alguns momentos, pois queria me aproximar do relicário para fazer minhas orações. Desci os degraus, à direita do altar, e me deparei com as relíquias. Ajoelhei-me. O silêncio era total. Lembrei-me da noite de Natal, da alegria de Maria e José, dos pastores e dos anjos. Lágrimas umedeceram meus olhos ao recordar a humildade da Sagrada Família. É esse o mistério de Deus, que se faz pequeno para nos engrandecer e pobre para nos enriquecer.

Seja feita a vossa vontade

"Nas vossas orações, não multipliqueis as palavras, como fazem os pagãos que julgam que serão ouvidos à força de palavras. Não os imiteis, porque vosso Pai sabe o que vos é necessário, antes que vós lho peçais. Eis como deveis rezar: PAI NOSSO, que estais nos céus, santificado seja o vosso nome; venha a nós o vosso Reino; seja feita a vossa vontade." (Mt 6, 7-10)

Abençoei a água. Lucinha ia à frente, mostrando os cômodos da casa. Felipe, seu filho de 12 anos, impaciente, queria que eu fosse ao quartinho dos fundos ver a pequena moto que ganhara de presente do pai.

A casa era grande. Muitas fotografias na parede. Descendo uma escada de poucos degraus, cheguei ao salão de beleza onde Lucinha trabalha diariamente. Aspergi com a água-benta todos os objetos. Felipe não desgrudava de mim, sempre falante e alegre.

Havia ali uma cadeira confortável. Acomodei-me. Lucinha trouxe um cafezinho, e começamos a conversar sobre muitos assuntos, especialmente sobre a fé. "Padre, Jesus é muito importante na minha vida. Ele salvou o Felipe da morte", disse-me, emocionada.

O menino tinha apenas 4 anos quando tudo aconteceu. Numa manhã, ele acordou com muita febre. Chorava sem parar. Lucinha chamou o marido e ambos levaram Felipe para o hospital. O médico encaminhou-o à pediatria. Algumas horas depois, veio a notícia triste: Felipe estava com infecção generalizada e corria risco de morte.

O desespero tomou conta da família. Lucinha foi à capela do hospital pedir um milagre para Jesus, mas as palavras deram lugar às lágrimas. Enquanto os médicos tentavam salvar o menino, ela implorava o auxílio divino. De repente, entrou uma enfermeira na capela. Estava toda de branco, tinha os olhos e os cabelos pretos. A moça aproximou-se, colocou as mãos nos seus ombros, afagou-lhe a cabeça e disse:. "O seu filho vai ficar bem. Jesus está cuidando dele. Reze agora a oração do Pai-Nosso. Mas preste atenção: quando chegar na parte 'seja feita a vossa vontade', pare e repita essa frase várias vezes, bem devagar". Lucinha sentiu um calor intenso no corpo e na alma. Seu interior ficou sereno como o rosto daquela enfermeira.

Cerca de uma hora depois, ela levantou-se e foi saber notícias do filho. Apreensiva, perguntou para uma outra enfermeira que estava saindo da pediatria: "E o Felipe, os médicos disseram alguma coisa? Estou com muito medo!". "Pode entrar no quarto. Graças a Deus, seu filho teve uma melhora surpreendente. A febre desapareceu. Ele até comeu umas bolachinhas".

A mãe entrou no quarto e viu Felipe sentado na cama. Abraçou-o. As mãozinhas do menino apertaram seu pescoço. "Mamãe, Jesus veio me visitar." Ela fixou seu olhar no menino. Felipe contou que Jesus aparecera ali na janela e que tinha sorrido para ele. Depois falou que tinha vindo curá-lo e, antes de ir embora, disse para o garoto ficar com sua mãezinha, porque Ele, Jesus, iria para o céu junto da sua Mãe. Estava com roupas brancas.

Lucinha dobrou os joelhos, estendeu as mãos para a janela e agradeceu a Deus por sua misericórdia infinita. Felipe estava curado.

Sinais da presença de Deus

Na madrugada de março de 2011, o Japão foi surpreendido por um terremoto, seguido de um tsunami devastador. Milhares de pessoas morreram. Parecia o fim do mundo: medo, desespero, contaminação nuclear, pessoas desabrigadas.

Nesses momentos de tragédia, muitas pessoas questionam a existência de Deus por "permitir" tanto sofrimento. Mas sabemos que Deus é Pai misericordioso. Criou todas as coisas e as entregou nas mãos da humanidade.

Visitei recentemente a catedral construída em Lisboa, no local onde Santo Antônio passou a infância. Logo na entrada está a pia batismal onde o santo nasceu para a divindade. Na cripta, pode-se ver o seu quarto. É um lugar pequeno, aconchegante. Um porto da paz.

Durante a visita conversei com uma mulher que cuida da livraria local. Comentei sobre o sofrimento do povo japonês. Ela, então, revelou-me algo que eu não sabia: em 1755, um terremoto e um tsunami arrasaram a cidade de Lisboa, numa das maiores tragédias da história. Ondas gigantes deixaram milhares de mortos e igrejas destruídas.

O epicentro do terremoto foi a 300 quilômetros dali, no mar, mas a força foi tão intensa (entre 8,7 e 9 graus na Escala Richter, segundo estimativas atuais dos geólogos), que provocou um tsunami que afetou todo o oceano Atlântico. Múltiplos incêndios colaboraram para a destruição da capital portuguesa. O número estimado de mortos ficou entre 10 a 100 mil pessoas. Além de ter destruído e danificado 23 mil construções, o tremor arruinou 87% das igrejas e 86% dos conventos e monastérios de Lisboa.

Todavia, minha surpresa maior ainda estava por vir. Ela disse que Deus deixou sinais de sua presença em meio a tanta dor. Lisboa quase foi varrida do mapa, mas dois lugares nada sofreram: a pia batismal onde Santo Antônio fora batizado e o quartinho onde o santo nascera. Deus deixara esses dois lugares intactos para mostrar aos portugueses e ao mundo que Ele jamais abandona seu povo, mesmo nos momentos mais difíceis.

Em nossa vida, muitas vezes somos surpreendidos por "terremotos" e "tsunamis". Eles chegam de repente. Arrasam tudo. Nesses momentos, precisamos ter a certeza de que Deus se faz ainda mais presente, no meio de nós, deixando-nos seus sinais.

Tatu com farinha de mandioca

"Ao chamar os seus para que o sigam, Jesus lhes dá uma missão muito precisa: anunciar o evangelho do Reino a todas as nações. Por isso, todo discípulo é missionário, pois Jesus o faz participar de sua missão, ao mesmo tempo que o vincula a Ele como amigo e irmão." (*Documento de Aparecida*, nº 144)

O povoado de Lagoa Vermelha, interior do Ceará, havia construído uma capela em homenagem a São Francisco de Assis. Paredes de pau a pique; altar e bancos de madeira; telhado de sapê. Atrás do altar, um nicho com a imagem do pobrezinho de Assis, cuja festa comemora-se em 4 de outubro.

O coordenador da comunidade foi me buscar na rodoviária do município de Jaguaruana, entre o Ceará e o Rio Grande do Norte. Como ele era muito amigo do sacerdote daquela região, apelidaram-no de "Zé do padre". O calor era muito forte e o tempo, seco. As folhas das árvores sequer se mexiam.

Cerca de uma hora depois avistei a lagoa, a capela e as casinhas simples dos moradores que, das janelas, sorriam e me davam boas-vindas. Passaria uma semana em missão. Seriam momentos de oração, visitas às famílias, bênçãos, procissões de penitência, encontro com crianças e missas na capela.

Num dos dias, após a missa, uma mulher veio me abraçar. Seu rosto trazia as marcas do sofrimento, mas seus olhos refletiam amor, fé e esperança: "Padre, gostaria de fazer um convite. O senhor não quer jantar com a gente hoje? Seria uma grande alegria para mim e para minha família". Abracei-a sem pressa e aceitei. "O que a senhora vai fazer de bom pra gente comer? Dependendo do tempero, vou ajudá-la a arrumar um bom casamento", brinquei. Ela riu.

Por volta das seis da tarde, cheguei à casa onde haveria o jantar. Dona Rosa e cinco de seus netos estavam me esperando. Na casinha pequena, de barro e de terra batida, moravam o Sagrado Coração de Jesus, São Miguel Arcanjo e o Padre Cícero, representados pelas imagens num oratório simples, de madeira, pendurado num dos caibros.

Conversamos por alguns instantes e então dona Rosa me chamou à cozinha: "Padre, venha escolher qual dos dois o senhor vai querer que eu prepare pra gente jantar". Não entendi, mas segui seus passos. De repente, uma surpresa: presos num cercadinho de madeira, no canto da cozinha, estavam dois tatus. "Qual deles o senhor escolhe para eu matar e preparar?" Fiquei em silêncio por uns instantes. Olhei para os pequenos animais e para dona Rosa. As crianças, ansiosas, aguardavam minha resposta. Escolhi o menor. Não queria ver o tatu ser morto. Chamei as crianças para a frente da casa para contar e cantar as histórias da vida de Jesus.

Uma hora depois dona Rosa chamou todo mundo para a cozinha. A comida estava pronta. As crianças saíram correndo. Todos se acomodaram ao redor da mesa. Na panela, o tatu cozido. Ao lado, em um pote de barro, farinha de mandioca e uma garrafa de água. Sentia Jesus vivo, como na Santa Ceia e na casa dos discípulos de Emaús. Nunca me esqueci desse dia.

A missão na Lagoa Vermelha marcou minha vida de presbítero. Levei a mensagem do Evangelho àqueles irmãos cearenses. Voltei para casa evangelizado também, pois, onde Deus está presente, existe vida em abundância, manifestada na pobreza, no acolhimento e na partilha.

Um presente especial

"A alegria do Senhor seja a vossa força. Ide em paz e o Senhor vos acompanhe." Desejando alegria e paz, terminei assim a missa numa pequena cidade de minha diocese, durante a novena de sua padroeira, Nossa Senhora das Dores. Era setembro de 2009. Beijei o altar e desci para abraçar as pessoas que se aproximavam de mim.

Quando todos saíram, uma jovem veio ao meu encontro: "Padre, posso lhe pedir uma coisa?". "Claro", respondi. "Estou muito triste. Sou casada há dois anos e não consigo engravidar. Meu marido e eu já fizemos tudo. Estou em tratamento médico, mas nada dá certo. Vejo minhas amigas com seus filhos, levando-os à escola, trazendo-os à missa, brincando com eles. Não consigo entender a minha situação. Será que Jesus não me ama?".

Calei-me por alguns segundos, olhando aquela jovem. Em minha memória, vieram os momentos de sofrimento de Ana, mãe do profeta Samuel; de Isabel e de Zacarias, pais de João Batista; de Ana e Joaquim, pais de Nossa Senhora.

Contei-lhe essas histórias, chamando-a à fé na misericórdia de Deus. Ele não castiga ninguém. Ama, infinitamente, todos os seus filhos. Estendi minhas mãos e coloquei-as sobre sua cabeça: "Você crê naquilo que o arcanjo Gabriel disse à Maria, em Nazaré? Que para Deus nada é impossível?". Ela respondeu: "Eu creio". Naquele momento, senti em meu coração que o céu se abria. Uma chuva de bênçãos estava sendo derramada sobre ela, misturando-se às lágrimas.

O tempo passou... Em setembro deste ano fui convidado para um café na casa de uma família em minha paróquia. Cheguei por volta das quatro da tarde. Para minha surpresa, aquela jovem, que recebera minhas orações, estava lá. Era amiga da família que me recebia. Perguntei-lhe se estava bem.

"Sim, padre. Estou vivendo o momento mais feliz de minha vida", respondeu, apontando para a porta da cozinha.

Vi seu esposo segurando um bebê.

Ela continuou: "Deus ouviu minhas orações e me deu a Rafaela de presente. Está com um mês".

A emoção foi tão grande que não consegui pronunciar nenhuma palavra.

Uma frase na porteira

"Ó Deus, que destes ao presbítero São Jerônimo profundo amor pela Sagrada Escritura, concedei ao vosso povo alimentar-se cada vez mais da vossa palavra e nela encontrar a fonte da vida", assim reza a Igreja, no dia de São Jerônimo, em 30 de setembro, o grande tradutor da Bíblia Sagrada.

"Toda a Escritura é inspirada por Deus, e útil para ensinar, para reapreender, para corrigir e para formar na justiça. Por ela, o homem de Deus se torna perfeito, capacitado para toda boa obra", ensina São Paulo em 2Tm 3,16-17.

Quando o assunto é o relacionamento do homem e da mulher, a Sagrada Escritura é de uma riqueza insondável. No livro do Gênesis, vemos o Senhor dizer: "... O homem deixa o seu pai e sua mãe para se unir à sua mulher; e já não são mais que uma só carne" (Gn 2,24). Ao se aproximar do sacerdote para contrair o sacramento do matrimônio, o casal deve estar preparado e disposto a já não ser dois, mas uma só carne, uma só vida. Depois das palavras: "Eu te recebo na alegria e na tristeza, na saúde e na doença em todos os dias de nossa vida", o "meu" dá lugar ao "nosso". Um compromisso é assumido; uma aliança é selada entre os cônjuges e a Santíssima Trindade.

Muitos casais buscam a Igreja sem essa consciência. Casamento não é aventura, mas caminho de santidade. A felicidade faz seu ninho numa casa construída sobre a rocha.

Numa tarde, saí de casa para uma caminhada. Peguei uma estrada de terra. Depois de uns quarenta minutos levantando poeira com meu tênis, deparei-me com uma porteira. A estrada terminava ali. Fiz um pouco de alongamento e olhei para cima. Havia uma placa com a seguinte frase escrita à mão num pedaço de madeira: "Proibido casar e pescar". Trocaram o "ç" pelo "s". Queriam dizer: "Proibido caçar e pescar". Iniciei o retorno para casa. Aquela frase não me saía da cabeça. Lembrava-me de tantos casamentos destruídos pela falta de carinho e convivência. Pensava nos maridos que deixam as esposas e os filhos sozinhos para passarem o fim de semana com os amigos. Pensava nas esposas que, sem a companhia do esposo e dos filhos, ficam jogando conversa fora. Por que não saem juntos para tomar sorvete ou ver a um bom filme? Casaram-se, mas trocaram o "ç" pelo "s", a aliança pela separação. Agindo assim, o amor entra no inverno e a família no inferno.

O Papa Emérito Bento XVI, na sessão inaugural da V Conferência Geral do Episcopado da América Latina e do Caribe, no dia 13 de maio de 2007, em Aparecida, disse: "A família, patrimônio da humanidade, constitui um dos tesouros mais importantes dos povos latino-americanos. Ela foi e é escola de fé, palestra de valores humanos e cívicos, lar em que a vida humana nasce e é acolhida generosa e responsavelmente".

Que no mês de agosto, dedicado à Palavra de Deus, os cônjuges e os filhos se esforcem na vivência do amor, valorizem-se mutuamente, reconheçam que são pedras preciosas e únicas. Que nunca troquem uma letra por outra, o amor pelo ódio, o perdão pela ofensa, a luz pelas trevas. Que sejam verdadeiras famílias, segundo o coração de Deus!

Uma geladeira diferente

Hoje, as pessoas correm para lá e para cá, sem saberem ao certo qual o caminho. Para elas, cada minuto vale ouro, vale dinheiro. "Não podemos perder tempo!" Os meios de comunicação, principalmente a internet, dão notícias sobre os acontecimentos minuto a minuto. Às vezes, antes mesmo de se averiguarem os fatos, já se emitem conclusões, muitas delas injustas. Essa maneira apressada de enxergar as coisas invade, também, a vida dos cristãos desatentos. Entram na onda da correria. Há pessoas que reclamam se a missa passa de uma hora. Ficam olhando o relógio. Fazem careta para o padre, implorando para que dê a bênção final logo. Esse comportamento gera ansiedade, impaciência, prejulgamentos.

Tempos atrás fui convidado para benzer uma casa e tomar um café com a família. Tudo era simples e bem-arrumado. Mas um fato me deixou curioso: a mulher, depois da minha oração, foi preparar o café. Ligou o fogo, abriu a porta da geladeira e pegou uma caneca para ferver a água. Deixou a porta aberta por vários minutos. Pensei: "Nossa. Ela deve pagar uma conta alta de energia elétrica". Continuei observando. A mulher retirou da geladeira o pó de café, o coador e o açúcar. Achei aquilo muito estranho. Depois de colocar o café coado na garrafa, fiquei mais boquiaberto ainda: a mulher retirou do eletrodoméstico uma toalha, dois pires, duas xícaras, duas colherinhas e pôs tudo sobre a mesa.

Eu não me contive. Guardar até os pires e as xícaras na geladeira era demais! Então, perguntei: "Por que a senhora guarda tudo aí dentro? Até a toalha da mesa, os pires, as xícaras e as colherinhas? É a primeira vez que vejo isso". A mulher deu um sorriso demorado e respondeu: "Você não é a primeira pessoa que me pergunta isso, padre. Ela está com o motor queimado há anos. Ficava mais caro consertá-la que comprar uma nova. Então comprei uma nova, que fica ali na copa. Eu uso a velha como armário". Ao ouvir a explicação, comecei a rir junto com ela. Levantei-me e dei-lhe um abraço apertado. Não tinha observado que a geladeira estava desligada.

Enquanto saboreava aquele café fresquinho, arrependi-me dos meus pensamentos precipitados. Havia julgado o comportamento daquela mulher sem antes saber os motivos que a levaram a agir daquele modo. Naquela tarde, Jesus me deu uma grande lição: "Não julgueis, e não sereis julgados. Porque do mesmo modo que julgardes, sereis também vós julgados e, com a medida com que tiverdes medido, também vós sereis medidos" (Mt 7,1-2).

Não devemos tirar conclusões precipitadas de pessoas e acontecimentos. O mais prudente é parar, analisar, perguntar sempre: "O que Jesus faria se estivesse aqui, no meu lugar?". Ele foi misericordioso e amoroso com todos. Não corria de um lado para o outro sem necessidade. Chegava a passar o dia inteiro pregando sobre o Reino de Deus, curando os doentes, perdoando os pecadores. Há necessidade de desacelerar o ritmo da vida, ter mais paciência, especialmente no julgamento das atitudes dos irmãos. Como diz São João da Cruz, "no entardecer da vida, seremos julgados pelo Amor".

Ursinha de pelúcia

Quando olhares se cruzam e corações batem acelerados, a paixão vem à luz. É assim que começa, na vida do jovem, o despontar de um sentimento que pode ser passageiro, ou perdurar para toda a vida. O namoro é um período inesquecível na vida do homem e da mulher. Tempo de sonhos, sorrisos, lágrimas, crises, perdão, diálogo e conhecimento mútuo. Isso pode conduzir os apaixonados ao sacramento do matrimônio.

Namorar é buscar a felicidade da pessoa amada, respeitá-la e amá-la com intensidade e sinceridade. Valorizar suas virtudes, estender as mãos para ajudar a superar suas dificuldades. Iludem-se aqueles que pensam que a vida a dois é um mar de rosas, uma eterna canção romântica ou um perfume de suave odor. O relacionamento humano é marcado, também, por problemas, desafios, renúncias e cruzes. Aquele que não é capaz de "morrer" para si mesmo enquanto namora será incapaz de fazê-lo depois do casamento.

Certa vez, ouvi uma história que, infelizmente, acontece na vida de muitos casais. Uma moça, apaixonada, chegou em sua casa radiante de alegria. Ela abraçou a mãe e a beijou: "Estou tão feliz com meu namorado! Hoje fomos ao *shopping*. Tomamos um lanche gostoso. Depois assistimos a um filme. Quando a sessão terminou, ele olhou bem dentro dos meus olhos. Falou que eu sou sua gatinha manhosa, seu ursinho de pelúcia!". A mãe, muito experiente, calejada pela vida, casada há anos, com franqueza respondeu: "É, filha... No começo, tudo é muito lindo. Cuidado! Depois que a gente se casa, as gatinhas e as ursinhas de pelúcia podem se transformar em onças, antas, burras e tantas outras coisas!".

Para que as "gatinhas" e as "ursinhas" não cresçam depois do casamento, é bom que os jovens recordem o que lhes disse o Papa Bento XVI no estádio do Pacaembu, em São Paulo, por ocasião de sua primeira visita ao Brasil, em maio de 2007: "Deus vos chama a respeitar-vos no namoro e no noivado, pois a vida conjugal que por disposição divina está destinada aos casados, é somente fonte de felicidade e de paz na medida em que souberdes fazer da castidade, dentro e fora do matrimônio, um baluarte das vossas esperanças futuras. Repito aqui para todos vós que o 'eros' quer nos conduzir para além de nós próprios, para Deus, mas por isso mesmo requer um caminho de ascese, renúncias, purificações e saneamentos. Em poucas palavras, requer espírito de sacrifício e de renúncia por um bem maior, que é, precisamente, o amor de Deus sobre todas as coisas".

Você está namorando e quer construir uma família feliz?

Procure fazer a passagem da paixão para o amor. A paixão é egoísta; o amor é doação. A paixão pensa, quase sempre, no prazer momentâneo; o amor busca, a todo instante, a eternidade. A paixão pode levar à cegueira; o amor é luz. Para fazer essa passagem, só existe um caminho: Jesus

Cristo. Ele é o Alicerce, a Rocha, a Fonte do amor. Faz festa quando o casal celebra uma conquista. Oferece um cântaro com água fresca na travessia do deserto. Sua voz acalma as tempestades. Sua misericórdia purifica as fraquezas e as incompreensões vividas no dia a dia. Seu colo de Bom Pastor aquece as noites escuras e frias que, muitas vezes, aparecem na vida de namorados, noivos e cônjuges.

Voando nas asas de Deus

Os especialistas em aviação dizem que o avião é o meio de transporte mais seguro que existe. Entretanto, quando surge esse assunto numa roda de conversa, as pessoas dizem: "O avião pode até ser mais seguro, mas quando cai... não sobra nada!".

Quando voei pela primeira vez, sentei-me ao lado de um homem que, de tanto medo, lia o jornal de ponta-cabeça. Depois de muitas experiências acima das nuvens, sinto-me bem mais tranquilo. Ao entrar num avião, ajeito-me na poltrona, aperto o cinto e fico observando o movimento das pessoas. Quando a decolagem começa, fecho os olhos, inicio uma oração e imagino todo o meu ser voando nas asas de Deus.

Lá, nas alturas, já enfrentei várias turbulências. Todavia, nunca senti minha vida por um fio como numa viagem a Palmas, capital do Tocantins. Fui convidado para um evento chamado Adorai, que reúne católicos de várias cidades para um dia em adoração ao Santíssimo Sacramento. Saí do Aeroporto de Congonhas, São Paulo. A chegada estava prevista para 12h20, depois de uma escala em Brasília. O voo transcorria normalmente até o comandante dizer: "Atenção! Tripulação! Pouso autorizado. São doze horas em Palmas e a temperatura é de 30 graus".

O avião foi descendo. Comecei a ver as casas, as árvores, o movimento dos carros nas avenidas. De repente... o avião começou a balançar muito forte. Uma tempestade caía sobre a cidade. Uma mãe, sentada à minha frente, segurava seu bebê junto ao coração. As aeromoças pareciam apreensivas. Em segundos, o medo da morte me invadiu, pois o avião chacoalhava, descontrolado no ar. Comecei a rezar: "Jesus. Ajuda-nos! Se for para acontecer o pior, toca o coração do comandante para que ele desista do pouso. Por favor, Jesus. Somos muitos aqui necessitados de tua ajuda".

Quando terminei a última palavra, olhei para a janela e percebi que Deus estava ouvindo meu clamor. O avião começou a subir. O comandante justificou: "Está caindo uma chuva muito forte. Vamos voltar para Brasília. Reabasteceremos e aguardaremos notícias". A reação dos passageiros foi imediata. Uns concordavam com a decisão do piloto. Outros murmuravam. Eu, porém, fiquei em silêncio. Apenas agradecia: "Obrigado, Jesus".

Voltamos para a capital do Brasil. No momento oportuno, depois de sete horas dentro do avião, chegamos a Palmas. Passado o susto, lembrei-me de uma pequena história que ouvi certa vez: "Um avião estava nas alturas e enfrentava grande turbulência. Os passageiros, desesperados, choravam, gritavam, abraçavam-se. Dentre eles, havia um menino que, tranquilamente, dormia numa das poltronas. Ele acordou com aquele alvoroço, mas mantinha-se calmo e com brilho nos olhos. Um homem perguntou-lhe: 'Você não está com medo? O avião está cai não cai...'. O menino respondeu: 'Por que eu deveria ter medo? O comandante desse avião é meu pai. Confio nele. Não vai acontecer nada de mal com a gente'".

Temos enfrentado turbulências, tempestades, medos e incertezas em nossa caminhada neste mundo? Procuremos refúgio nas asas de Deus. Ele é o nosso Pai, o comandante da aeronave de nossa vida.

Você não é uma ilha

O ônibus que faz a linha Guaxupé (MG)/São Paulo (SP) parou na Ponte do Piqueri, na capital paulista. Desci. Entrei no meio da multidão que fervilhava nas ruas, naquela sexta-feira nublada. Ao meu lado caminhava um jovem. Ele olhava para a frente e escutava música no celular. Atravessei uma avenida. Não demorou a chegar o ônibus que iria para a Vila Madalena. Dentro dele, sentei-me ao lado de uma mulher. Fiquei ali cerca de quarenta minutos. Ela não olhou nenhuma vez para o lado e muito menos dirigiu-me uma palavra. Quando a chuva começou a cair, por sorte eu estava no metrô Vila Madalena com destino à Avenida Paulista. Sentia-me como numa lata de sardinhas. Um me apertava de lá, outro me empurrava de cá. Impressionava-me o silêncio no trem. As pessoas se acotovelavam, mas continuavam caladas. Por que isso acontecia? Medo? Pressa? Indiferença?

A Palavra de Deus nos conta que Jesus saiu da região de Tiro, passou por Sidônia e continuou até o mar da Galileia, atravessando a região da Decápole. Trouxeram-lhe, então, um homem surdo, que falava com dificuldade, e pediram para que Jesus lhe impusesse a mão. Jesus afastou-se com o homem para fora da multidão. Em seguida, colocou os dedos nos seus ouvidos, cuspiu e com a saliva tocou a língua dele. Olhando para o céu, Jesus suspirou e disse "*efeta*", que quer dizer "abre-te". Imediatamente, os ouvidos do homem se abriram, sua língua se soltou e ele começou a falar sem dificuldade (Mc 7,31-35).

Uma coisa é você ter uma limitação física que dificulte o diálogo, como o surdo-mudo deste Evangelho, outra, é não querer conversar ou ouvir o outro. Certa vez, fui visitar uma pessoa doente. Ao chegar à casa, fui atendido por uma mulher que era quase surda, devido à idade avançada. Eu falava que era o padre. Ela perguntava: "O quê?". Eu juntava as mãos, fazia o sinal da cruz e... nada! Entrei no quarto, e a pessoa doente também não escutava o que eu falava. Mas isso é limitação humana.

Nós, cristãos, precisamos vencer as barreiras da surdez e da mudez em nossos relacionamentos. Quando nos isolamos, perdemos a essência de nossa vida, pois fomos criados à imagem e semelhança da Santíssima Trindade, do Deus Amor. Mesmo num ônibus lotado ou espremido num trem do metrô, você pode transformar uma vida. Em certos momentos, precisamos apenas de um sorriso, de uma palavra ou de um ouvido para sermos mais felizes; afinal, não somos uma ilha.